HANS GEHT ESSEN

500 Restauranttipps – rund um die Welt
50 Regionen, 100 Städte

HANS MAHR

ueberreuter

~ INHALTSVERZEICHNIS ~

Aus aller Welt

Unterwegs

Vom Essen, Trinken und Reisen

Ich trage weder eine Rolex, noch fahre ich einen Ferrari – ist mir einfach zu teuer. Ich habe kein Boot, das kann ich mir nicht leisten. Ich habe auch kein Privatflugzeug im Hangar stehen – kann ich mir schon gar nicht leisten. Aber einen Luxus leiste ich mir: Ich gehe gerne und oft gut essen und trinken.

Essen und Trinken sind die drei schönsten Dinge im Leben, heißt es ... In diesem Buch nehme ich Sie mit auf meine Reisen und teile mit Ihnen die Erfahrungen, die ich beim Essen und Trinken auf der ganzen Welt gemacht habe.

Eines muss ich schon zugeben, mir geht's richtig gut. Als Medienmann bin ich mehr als 200 Tage im Jahr unterwegs. Da kann ich die Speisen der besten Restaurants der Welt verkosten – von Wien, Berlin und Zürich übers Mittelmeer, Festspiel- und Wintersportorten bis nach New York, Shanghai und Sydney. Sie finden deshalb in diesem Buch auch Tipps fürs Fliegen und fürs Leben im Hotel.

Aber meine besondere Liebe gilt den Wirtshäusern. Bistros, Trattorien und Bodegas – also all jenen Plätzen, wo es richtig gemütlich ist und die man sich als Normalbürger auch leisten will und kann. Denn gut Essen und Trinken darf keine Frage der Brieftasche allein sein. Ja, manchmal kann und muss man schon was auf den Tisch legen. Aber meistens will man sich doch einfach nur wohlfühlen und genießen, den lieben Gott einen frommen Mann sein lassen, wie es mein alter Freund, der Kabarettist und Autor Werner Schneyder, am Anfang eines guten Mahles zu sagen pflegte. Im Nachwort dieses Buches finden Sie eine kritisch-kabarettistische Betrachtung meiner Gourmet-Allüren aus der Feder des scharfzüngigen Künstlers.

Apropos kritisch. Im Restaurant und Wirtshaus bin ich kein leichter Zeitgenosse für Inhaber und Küchenchefs. Hymnisch werde ich selten, aber dafür immer ehrlich. Sie können also sicher sein, dass nix geschönt wird, auf meine Empfehlungen können Sie sich hundertprozentig verlassen. Einige davon sind schon in verschiedenen Magazinen erschienen, vor allem als monatliche Kolumne im Wirtschaftsmagazin „Trend“. Aber alles ist frisch überarbeitet und auf den letzten Stand gebracht worden.

Und wenn Sie selbst neue Entdeckungen beim Essen, Trinken und Reisen gemacht haben, schreiben Sie mir doch:
hans.mahr@mahrmedia.de.
Ich freue mich auf Ihre Tipps!

Ihr

Hans Mahr

Wien
Genießen im Walzertakt

Mit dem „Steirereck" hat alles angefangen. Die „Nouvelle Cuisine" war plötzlich in Österreich angekommen. Das war für die Wirtshäuser Ansporn, immer besser zu werden. Auch dank ihnen ist Wien heute eine Weltstadt des Genusses.

40 Jahre ist es schon her, als ich zum ersten Mal im „**Steirereck**", damals noch am Donaukanal, gegessen habe. Das war ein gutes Wirtshaus mit steirischer Küche. Und alle haben sich eigentlich wohlgefühlt. Doch nach einem Paris-Besuch hatte Wirt Heinz Reitbauer senior eine Vision. Er wollte die Nouvelle Cuisine auch nach Wien bringen.

Gesagt, getan. Die Küche wurde auf neu, leicht und trotzdem österreichisch umgepolt – damit konnte ich leben. Nur nicht mit den damals modernen, unbequemen Sesseln mit langer Rückenlehne, Gott sei Dank wurden die später abgeschafft. Und Jahr für Jahr kletterte das „Steirereck" im Restaurant-Ranking bis an die Spitze der besten Restaurants Österreichs.

Heute residiert das „**Steirereck**" in einer umgebauten Milchtrinkhalle im Stadtpark. Die Küche von Heinz Reitbauer junior gehört inzwischen zu den Top 20 weltweit und ist oft Wochen im Voraus ausgebucht. Aber trotz des Erfolges sind die Reitbauers (Ehefrau Birgit leitet charmant den Service) nicht abgehoben. „Für uns sind alle Gäste gleich wichtig und wir wollen ihnen einfach eine schöne, genussvolle Zeit vermitteln", sagt Birgit. Und Heinz ergänzt: „Auf diesem Niveau zu kochen ist natürlich wirklich anstrengend. Aber es macht auch Spaß, wenn man sieht, dass es den Menschen schmeckt!" Und es schmeckt tatsächlich grandios. Das Video seines Signature Dish, der in Bienenwachs gegarte Saibling, wurde im Internet eine Million Mal angeklickt, aber wenn's der Gast will, dann paniert ihm Heinz Reitbauer auch ein Kalbsschnitzel. Warum ihm der rote Michelin-Führer noch immer keinen dritten Stern verliehen hat, hängt wahrscheinlich damit zusammen, dass er eigenständig und nicht unbedingt französisch kocht.

Mit drei Sternen rühmen kann sich in der Zwischenzeit aber der von Mannheim nach Wien gezogene Juan Amador, der draußen in Heiligenstadt – leider in einem etwas kühlen Kellerambiente – im gleichnamigen Restaurant alle Küchenregister zieht.

Ebenfalls in der Spitzengastronomie angesiedelt sind Silvio Nickol im Palais Coburg, Lukas Mraz vom „**Mraz & Sohn**“ und Konstantin Filippou, der die für mich interessanteste Küchenlinie fährt. Sein Sechs-Gang-Menü ist fast durchgehend dem Meer gewidmet – von Muscheln, Karpfen, Zander bis zum kroatischen Langustino, allerdings mit Kalbszunge.

Und wer nicht nur gut essen, sondern auch eine wunderschöne Aussicht genießen will, der ist im „**DO & CO**“ im 7. Stock mit Blick auf den Stephansdom am besten aufgehoben. Was Attila Doğudan, inzwischen einer der weltgrößten Caterer, hier im Stammhaus geschaffen hat, begeistert Einheimische wie Touristen. Drei Küchenlinien gibt's – natürlich wienerisch mit Tafelspitz und Kalbsbutterschnitzel, einmal italienisch mit bestem Fisch und einmal asiatisch mit Sushi und Sashimi.

Aber als Auslandsösterreicher, der nur noch jede zweite Woche nach Wien kommt, liebe ich natürlich vor allem die Wiener Wirtshäuser. Die Beisl-Kultur in Wien hat sich in den letzten zehn Jahren dramatisch weiterentwickelt, man kann ruhig von einer Wirtshaus-Revolution reden. Aus verrauchten Vororte-Lokalen mit abgewetzten Sesseln und in die Jahre gekommenen Holztischen sind schmucke, neue Wirtshäuser geworden. Aber nicht nur die Möblage ist neu, auch die Küche selbst hat sich verändert: viel leichter, aber trotzdem gschmackig. Nix aus der Tiefkühltruhe, sondern direkt vom Markt. Keine Industriesaucen, fast alles ist frisch zubereitet.

Für das wirklich grandiose Wiener Schnitzel pilgere ich am liebsten zum „**Grünauer**“ in der Hermanngasse, dafür ist sogar der deutsche Gourmetpapst Wolfram Siebeck (Gott hab ihn selig!) extra eingeflogen. Oder ich geh für den besten Tafelspitz zum „**Plachutta**“, auf ein herrliches Beuscherl zum „**Meixner**“ in Favoriten, während ich mir das klassische Gulasch beim chinesischen Koch im „**Gutruf**“ beim Petersplatz bestelle – das kleine Lokal hat bis heute keine Homepage! Den besten und frischesten Fisch bekommt man in Wien, so behaupte ich, am Naschmarkt. Und zwar beim Fischhändler „**Umar**“, der in seinem Fischbeisl nebenan Steinbutt & Co – vom kroatischen Koch nur kurz abgebraten – an wackeligen Tischen servieren lässt.

Steirereck – Hans Mahr bei Heinz Reitbauer in der Küche

Die Lieblinge der Profis

Aber damit's nicht zu subjektiv wird, habe ich mich auch unter anderen befreundeten Kritikern umgehört. Herbert Hacker, Chefredakteur vom „Falstaff" und „trend"-Kolumnist, geht am liebsten zu Harry Brunner in **„Das Spittelberg"**. Der Laden ist zwar ein bisschen kitschig und schaut gar nicht nach Wirtshaus aus, „aber was er auf den Tisch bringt, ist Wirtshausküche auf hohem Niveau", sagt Hacker und schwärmt von Grammelknödeln, Kalbsbries und Ente. Das Lieblingswirtshaus von Christian Grünwald, dem Chefredakteur des „A la Carte"-Magazins, ist in Mariahilf, um die Ecke von der Gumpendorfer Straße. Im **„Ludwig van"** wird – so Grünwald – „haarscharf zwischen Gourmet- und Wirtshausküche hantiert". Der neue Koch Bernhard Stocker bietet auch eine „Theaterkarte" an – für alle, die bis Mitternacht ein kleines Gulasch oder ein Salonbeuschel konsumieren wollen.

Fehlt noch Gault-Millau-Chef Kari Hohenlohe, der Stammgast im kleinen, aber feinen **„Winklers zum Posthorn"** ist. „Das ist ein richtiger Familienbetrieb, hier kann man Wiener Küche genießen, wie sie klassischer nicht geht. Da muss man den Schweinsbraten probieren, einen besseren findest du nirgends!", schwärmt er über sein Lieblingswirtshaus. Bei meinen Tipps finden Sie übrigens noch ein paar Wirtshäuser mehr aufgelistet. Aber bitte nicht vergessen: rechtzeitig vorbestellen, denn der Andrang ist groß.

Plachutta – klassische Wiener Rindsuppe

Und dann gibt es noch eine Spezialdisziplin, die mich ein bisschen an die französischen Neo-Bistros erinnert: die Weinwirtshäuser. Bei ihnen liegt der Schwerpunkt – no na, wie der Name schon sagt – beim Wein. Hermann Botolen, der als Chef-Sommelier durch die verschiedensten Wiener Institutionen gezogen ist, hat sich mit dem „**Fuhrmann**" in der Josefstadt seinen Traum erfüllt. Dort gibt der Wein den Ton an, nicht nur die Österreicher, sondern bevorzugt die Franzosen, und dazu passend wird gekocht. Durchaus Wirtshausküche, aber – so Botolen – „wenn ich an gute Austern rankomme, dann gibt's am Abend auch Austern und einen guten Sancerre dazu".

In der Zwischenzeit haben's ihm einige Junge nachgemacht. Auf der Landstraßer Hauptstraße liegt das „**Heunisch & Erben**". Glücklicherweise hat es jetzt schon bis Mitternacht offen, fast ein Jahr hatte die zuständige Magistratsabteilung dazu gebraucht, um die ursprüngliche Lizenz – nur bis 20 Uhr! – zu verlängern. Robert Brandhofer und Markus Gould verstehen sich als „Trinkstube der Herzen" (süß, nicht?) und schenken knapp 100 Weine glasweise aus – wahrscheinlich für Wien ein Rekord. Aus der Küche kommt sowohl Klassisches wie Bröselkarfiol und Kalbsrahmgulasch, aber auch Kreatives wie Heilbutt mit „einbrennte Hund" oder grüner Apfel mit Frischkäse, Streusel und Muskatnusseis.

Mit den 100 offenen Weinen kann das „**MAST**" in der Porzellangasse, ebenfalls von zwei Wein-Freaks gegründet (Matthias Pitra und Steve Breitzke – deshalb „MAST"), nicht mithalten, dafür umfasst die Karte der Flaschenweine 500 Positionen. Auch im „**MAST**" wird küchenmäßig die Philosophie „klassisch und kreativ" zelebriert – auf der einen Seite Kohlsprossen mit Erdäpfelcreme sowie gefüllte Paprika mit Kalbsfaschiertem oder Saiblingstatar mit gelben Rüben und Lammbauch mit Petersilwurzeln. Kein Wunder, Küchenchef Martin Schmid hat beim Döllerer in Golling gelernt.

Doch eine Warnung gilt für alle diese wunderbaren Wein-Bistros: Wer sich nicht mit trüben, naturvergorenen, vielleicht in Amphoren jahrelang vergrabenen oder sonstigen Orange-Weinen anfreunden kann, sollte dies gleich zu Beginn des Besuchs sagen. Denn die besondere Aufmerksamkeit da wie dort gilt natürlich den Naturweinen, die nicht immer so schmecken, wie sich Konservative wie ich einen richtigen Wein vorstellen. Aber da gehen die Meinungen ja weit auseinander.

Bei dieser kulinarischen Breite kommt man wie von selbst in den Walzertakt und singt „Wien, Wien, nur du allein".

~ MEINE TIPPS ~

Die Top-Lokale

Restaurant Steirereck
mit Meierei im Stadtpark
steirereck.at

Amador Restaurant
restaurant-amador.com

Palais Coburg
palais-coburg.com/kulinarik/silvio-nickol

Mraz & Sohn
mraz-sohn.at

Restaurant Konstantin Filippou
konstantinfilippou.com

DO & CO am Stephansplatz
doco.com/de/restaurants

Klassische Wirtshäuser

Gasthaus Grünauer
gasthaus-gruenauer.com

Plachutta Wollzeile
plachutta-wollzeile.at

Meixner`s Gastwirtschaft
meixners-gastwirtschaft.at

Gutruf
Milchgasse 1, 1010 Wien
Tel: +43 1 5339562

Umar
umarfisch.at

Das Spittelberg
das-spittelberg.at

Ludwig van
ludwigvan.wien

Winklers zum Posthorn
winklers-zumposthorn.at

Weitere Wirtshäuser

Pichlmaiers zum Herkner
zumherkner.at

Skopik & Lohn
skopikundlohn.at

Gasthaus Wolf
gasthauswolf.at

Rudis Beisl
rudisbeisl.at

Gasthaus zu den 3 Hacken
zuden3hacken.at

Gmoakeller
gmoakeller.at

Weinwirtshäuser

Fuhrmann
restaurantfuhrmann.com

Heunisch & Erben
heunisch.at

MAST
mast.wine

Salzburg

Das Beste für Jedermann

Ein Besuch bei den Salzburger Festspielen lohnt sich dreifach. Kultur und Küche ergänzen einander auf höchstem Niveau – und als Draufgabe gibt es jede Menge Stars.

Alles begann mit einem Liebeslied. Anna Netrebko und Rolando Villazón stimmten es vor zehn Jahren nach der erfolgreichen „La Traviata"-Festpielpremiere zu mitternächtlicher Stunde an. Der rührige „Triangel"-Wirt Franz Gensbichler war diesmal selbst zu Tränen gerührt. Wem singt die Netrebko schon ein Ständchen zum Geburtstag? Das war sozusagen der Urknall des „**Triangel**" als Promi-Treffpunkt der Salzburger Festspiele. Schräg gegenüber vom Festspielhaus geben sich seit damals Opern- und Schauspielstars von Anna Netrebko, Jonas Kaufmann bis zu den jeweiligen Jedermännern die Ehre. Und rundherum freut sich das p.t. Publikum, seine Stars einmal aus der Nähe zu beäugen. Aber für Wirt Franz sind sie alle gleich, er hat sie alle gleich lieb. Die, die oben auftreten, und die, die unten zuschauen: „Alle kriegen das gleiche Essen, die gleiche Aufmerksamkeit. Sie zahlen ja auch das Gleiche."

Die Geheime Specerey

Salzburg ist aber quasi für jedermann ein sehr besonderer kulinarischer Treffpunkt. Nicht nur, weil dort die Hauptdarsteller des Salzburger Festspielzirkus aus der Nähe „besichtigt“ werden können. Helga Rabl-Stadler geht gerne ins „**Prosecco**“, wo ihr Chefin Heidi Kronberger Pasta, Fisch und viel Mediterranes serviert. Wie auch dem TV-Guru Gerhard Zeiler und dem Salzburger Landeshauptmann Haslauer, die nicht nur während der Festspiele dort zu finden sind.

In der „**Geheimen Specerey**“ mitten in der Fußgängerzone kann man herrlich den vorbeischlendernden Stars zuwinken. Dirigent Riccardo Muti tendiert hingegen zu Bodenständigerem, zum „**St. Peter Stiftskeller**“. Da gibt's nicht nur Schnitzel und Tafelspitz, sondern sogar ein vegetarisches Menü. Das „Jedermann“-Ensemble wiederum feiert Premiere und Dernière abwechselnd bei Gulasch und Schweinsbraten im „**Stieglkeller**“ unterhalb der Festung oder beim „**Krimpelstätter**“ in der Müllner Straße (ich denke, je nachdem, welche der beiden Institutionen sich beim Sponsoring großzügiger zeigt).

Stinkerknödel und Riedlinge

Das Schönste an der Festspielzeit ist: Man bekommt auch zu später Stunde noch was serviert. Geschäftsleute und Besucher der wunderschönen Mozartstadt wissen, was ich meine. Außerhalb der Festspiele werden nämlich um neun am Abend die Gehsteige hochgeklappt. Na schön, in den erwähnten Etablissements treffen Sie die Stars. Und ehrlich gesagt: Man isst auch ganz gut dort. Aber wenn Sie nicht nur der Stars wegen in Salzburg unterwegs sind, sollten Sie in den „**Weiserhof**“ pilgern, dort macht Roland Essl die beste Bauernküche. Sogar Starkoch Eckart Witzigmann wurde dort schon bei Stinkerknödeln und Surbraten gesehen. Stinkerknödel? Das sind Knödel mit davonlaufendem „Graukas“, eine Salzburger Delikatesse.

Wer von Wien kommt, sollte auf dem Weg nach Salzburg eine Pause am Traunsee einlegen. Im „**Bootshaus**“ bietet Lukas Nagel eine traumhafte frische Fischküche mit Wildkrebsen, Forellen und, wenn man Glück hat, Riedlingen, das sind Mini-Reinanken, die es praktisch nur im Traunsee gibt. In der Stadt Salzburg selbst ist das „**Glüxfall**" ein Geheimtipp. Es gibt dort nicht nur exzellente Weine, sondern auch österreichische Tapas von Wildkäsekrainer bis Flammkuchen mit Braunschweiger.

Auf meiner persönlichen Lieblingsliste ganz oben steht der „**Döllerer**" in Golling, nur ein paar Kilometer von Salzburg entfernt, wirklich einen Abstecher wert. Andreas Döllerer kocht dort seine „Cuisine Alpine". Elegant und erlesen im Restaurant (Huchen und gelber Enzian, Lammschopf und Löwenzahn, Hendl und Schweinefuß); bodenständig, aber genauso gut im Wirtshaus daneben, wo es alles aus der hauseigenen Fleischerei gibt, vom Beuschel bis zur ganzen Kalbsniere.

Nach einer Festspiel-Vorstellung geh ich am liebsten ins „**Esszimmer**". Frau Kaiblinger macht den Service, Herr Kaiblinger kocht – und zwar ganz vorzüglich. Österreichische Küche, modern interpretiert, zu zivilen Preisen. Und wenn Sie mit der ganzen Familie unterwegs sind, dann gehen Sie doch zum „**Strasserwirt**" in Leopoldskron. Ein herrlicher Garten, in dem der Nachwuchs herumtollen kann, ein freundliches Wirtsehepaar und alles, was man sich auf einer Wirtshauskarte wünscht: Schweinsbraten, Backhendl, Schnitzel, Kaiserschmarren.

Aber so sehr ich diese Stadt liebe, so wenig verstehe ich die zum Teil winkelzügige Kommunalpolitik. „Schlechtwettersperre" gibt's da zum Beispiel für Nicht-Salzburger Autofahrer während des Festspielsommers. Wenn's regnet, müssen die Fremden ihr Auto an der Stadtgrenze parken und dürfen zwangsweise um 14 Euro ein Tagesticket für Bus und Bim kaufen, dankenswerterweise für bis zu fünf Personen!

Wann, bitte, soll man denn mit dem Auto kommen, wenn nicht an Regentagen? Und was sagt die Salzburger Kaufmannschaft dazu, wenn ihre Kunden an der Stadtgrenze eingesammelt werden?

Ach ja, die hat reagiert. Künftig heißt es nicht mehr „Schlechtwettersperre", sondern „Staumanagement" – weil's besser klingt. Na dann ...

Esszimmer – Koch-Atelier

~ MEINE TIPPS ~

Triangel
triangel-salzburg.co.at

Prosecco
Nonntaler Hauptstraße 55,
5020 Salzburg
Tel: +43 662 834017

Die Geheime Specerey
felleis-knittelfelder.at

St. Peter Stiftskeller
stpeter-stiftskeller.at

Stieglkeller
restaurant-stieglkeller.at

Krimpelstätter
krimpelstaetter.at

Der Weiserhof bei Jules
weiserhof.at

Bootshaus
dastraunsee.at

Glüxfall
gluexfall.at

Döllerers Genießerrestaurant und Wirtshaus
doellerer.at

Restaurant Esszimmer
esszimmer.com

Strasserwirt
zumstrasserwirt.at

Mehr Salzburger Restaurants finden Sie im Kapitel „Alles Festspiele“.

Kärnten

Vom Wörthersee bis ins Friaul

Der Wörthersee war einmal *der* Hotspot des Sommers. Heute glänzt die Gastronomie rund um den See das ganze Jahr. Nur eine Stunde weiter südlich lockt das Friaul mit italienischer Küche vom Feinsten.

Das waren noch Zeiten. Das „Schloss am Wörthersee“ begeisterte unsere germanischen Freunde. Die heimische Hautevolee feierte „White Nights“ in Pörtschach und in Velden. Formel-1-Stars – von Ayrton Senna bis Niki Lauda – logierten am See und ließen sich zum Rennen mit dem Heli einfliegen. Und unser aller Udo Jürgens, Gott hab ihn auch selig, war als Parade-Kärntner omnipräsent.

Ja, der Wörthersee war im Sommer ein Hotspot. Lang, lang ist's her. Nicht einmal dem seinerzeitigen Landeshauptmann Jörg Haider gelang es, mit der teuren Seebühne und anderen Millioneninvestitionen die behäbig gewordene Region um den Wörthersee herauszuputzen. Erst seit Wirtschaftskapitäne wie Hannes Androsch, Sigi Wolf, Hans-Werner Frömmel und neuerdings Wein- und Eishockey-Grande Hans Schmid in die Region investieren, seit die Kärntner Hotellerie und Gastronomie entdeckt hat, dass der Wörthersee-Tourismus nicht nur ein Sommerjob für sechs Wochen im Jahr ist, scheint ein neuer Aufschwung in Sicht. Selbst die marode Gastronomie glänzt wieder, wovon man sich beim Durchkosten rund um den See überzeugen kann.

Goldforellen und Kasnudeln

Das gastronomische Highlight ist und bleibt natürlich das Seerestaurant **„Saag“** des Gastronomen Robert Glock, wo Chef Hubert Wallner (Koch des Jahres 2018) vor allem bei den Fischen sein Können zeigt. Karpfen, Reinanke, Hecht kommen aus Krumpendorf, Saibling und Goldforelle aus Feld am See, das Fleisch aus dem Mölltal und die Kasnudeln sind natürlich selbstgemacht. Das **„Saag“** zieht Gourmets aus nah und fern an – nur die Kärntner Bürokraten haben ein Problem damit. Obwohl Glock und Wallner

Seerestaurant Saag

mehr als zwei Millionen Euro in den Platz investiert haben, will die Seenimmobiliengesellschaft einen neuen Pächter für das Schmuckstück – mit der absurden Absicht, das beste Restaurant am See einfach zuzusperren. Man kann nur hoffen, dass Landeshauptmann Peter Kaiser hier eingreift. Vorerst kocht Hubert Wallner aber im „**Saag**" weiter.

In Dellach, direkt am Strand, hat Wallner mit dem „**Südsee**" ein bodenständiges Bistro eröffnet, das seine Frau Kerstin führt. Damit sollte das Südufer neben dem „**Lakeside**" in der Reifnitzer Bucht eine weitere gastronomische Belebung erfahren. Notwendig ist das allemal.

Bleiben wir bei der erfreulichen Aufwärtsentwicklung für urlaubende Feinschmecker. Seitdem das Schlosshotel massiv abgebaut hat, ist das „**Caramè**" am Casinoplatz das Spitzenlokal in Velden. Thomas Guggenberger kam vor einigen Monaten aus Klagenfurt und zeigt mit Seesaibling bzw. Steinbutt mit Eierschwammerln und Kalbsbackerl mit Sommertrüffel, dass es am See gastronomisch auch abseits von Wallner aufwärts geht. Und in der Veldener Südbucht, wo Hans Schmid mit dem Wiener Primarius Freddy Meryn das alte Parks zu einem Gesundheitshotel umgebaut hat, gibt's im „**Sol Beachclub**" viel Asiatisches vom Sushi bis zum Fishburger, küchenmäßig angeschoben vom umtriebigen Asia-Spezialisten Wini Brugger aus Wien.

Ziehen wir weiter nach Pörtschach, wo im „**Fischerhaus**" beim Moosburger Golfclub feine und trotzdem gemütliche Topküche serviert wird. Patron Werner Fischer ist seit Jahren der Insidertipp. Immer gut aufgelegt, werden Spezialwünsche gerne erledigt, zum Beispiel Wörtherseefische im Ganzen, nicht immer die – manchmal auch zwischenzeitlich eingefrorenen – unvermeidlichen Filets. Außerdem gibt es wahrscheinlich rund um den See keinen Platz mit einer besseren Weinkarte, inklusive Kärntner Kreszenzen.

Richtige Kärntner Küche wiederum gibt's beim „**Zocklwirt**" etwas oberhalb von Pörtschach. Drinnen eine urige Wirtsstube, draußen ein schöner Gastgarten und auf dem Teller Kärntner Nudeln. Ich hab sie gekostet, die Fleisch-, Spinat- und Kasnudeln, bessere findet man rund um den See nicht. Wer im benachbarten Krumpendorf zu Hause ist, hat nur eine Chance: auf zum „**Soleo**", ebenfalls sehr regional ausgerichtet und heuer im Frühjahr aufwendig renoviert.

Wiener Schnitzel mit Kartoffelpüree

Weiter ans Ostufer nach Klagenfurt. Das „**Maria Loretto**" ist nach fast 100 Jahren Existenz keine Neuentdeckung, aber immer einen Ausflug wert. Man sitzt im schönen Gastgarten auf der Halbinsel, blickt über die Bucht und freut sich an den frischen Fischen, die tags zuvor noch im See (oder in der Adria) geschwommen sind. Warum das Schnitzel mit Kartoffelpüree serviert wird, weiß kein Mensch, aber wahrscheinlich ist das Zubereiten von Erdäpfelsalat zu anstrengend. Ein Problem sind auch die Mücken, die sich gierig auf die „Loretto"-Gäste stürzen. Unbedingt Mückenspray mitnehmen! Wenn Sie tagsüber nach Klagenfurt kommen, dann schauen Sie doch in der „**Kochwerkstatt**" am Markt vorbei, wo Christian Cabalier einfache, aber grandiose kärntnerisch-mediterrane Küche serviert. Er war ja nicht umsonst bis vor Kurzem der beste Koch im kroatischen Zagreb.

20 Minuten von Klagenfurt entfernt beim Klopeiner See serviert Chef Michael Sicher nicht nur seinen berühmten Saiblingskaviar (frisch, saftig, nicht salzig), sondern auch kreative Fischküche von Krebsen-Cappuccino bis zur Forelle mit Wasabi-Schaum.

Richtig, die italienischen Lokale, die sich spaghettiartig überall angesiedelt haben, kommen hier nicht vor. Aber nur deshalb, weil ich dem Wörthersee-Urlauber dringend rate, zumindest einmal Richtung Süden zu fahren, um „richtig" italienisch oder friulanisch zu dinieren. Bei **„Agli Amici"** im eher schmucklosen Norden von Udine sind Emanuele und Michela Ihre Gastgeber – Emanuele kocht auf Zwei-Sterne-Niveau, zu Mittag im „Gnocchi Room" und abends im Restaurant. Michela kümmert sich um den Service und den Wein. Allein die Aufzählung der Köstlichkeiten macht einem Appetit – von den Gnocchi mit Seeigel, dem Risotto mit Foie gras, dem Tatar von der Jakobsmuschel, dem getoasteten Aal mit Himbeer-Ketchup bis zu den halbgaren roten Scampi mit Ponzu-Sauce. Aufregend, genauso wie der friulanische Wein, den Michela kredenzt – gehen Sie mit ihr in den Weinkeller und packen Sie ein paar köstliche Weine für zu Hause ein.

Mein zweiter Liebling im Süden eignet sich auch für einen Lunch-Trip. Ein bisschen mehr als eine Stunde vom Wörthersee entfernt in Colloredo di Monte Albano wartet die Bilderbuch-Trattoria **„La Taverna"** mit herrlicher Terrasse und einem 90-Euro-Menü der Extraklasse (Seesaibling, Rotbarschtatar, Scampi, Agnolotti, Lämmchen). Ich kenne zwei Paare, bei denen der Herr der Schöpfung in der „Taverna" zum Heiratsantrag angehoben hat. Sie müssen ja nicht gleich heiraten oder den Hochzeitstag feiern, für Romantik plus Gastronomie zu zweit reicht's immer.
Mahlzeit und buon appetito!

~ MEINE TIPPS ~

Seerestaurant Saag
saag-ja.at

Südsee
sued-see.at

Lakeside
lakesidelounge.at

Caramè
restaurant-carame.at

Sol Beachclub
solbeachclub.at

Fischerhaus
fischerhaus-moosburg.at

Zocklwirt
zocklwirt.at

Soleo
soleo.at

Maria Loretto
restaurant-maria-loretto.at

Kochwerkstatt
facebook.com /kochwerkstatt.am.markt

Restaurant Sicher
sicherrestaurant.at

Agli Amici
agliamici.it

La Taverna
ristorantelataverna.it

Berlin
Viel Neues in der Hauptstadt

Unglaublich, aber wahr. Zehn Restaurants mit drei Sternen, 38 mit zwei Sternen und 261 mit einem - 309 Restaurants hat der Guide Michelin somit in Deutschland ausgezeichnet. Damit ist Deutschland nach Frankreich die zweitstärkste kulinarische Macht in Europa.

In Berlin ist die Spitze der Gastronomie heiß umkämpft. Und die Österreicher sind vorne dabei. Ich treffe Willi Schögl in seiner Weinbar „**Freundschaft**“. Ein Glaserl Sauvignon Blanc vom Tement in der Hand, hinter ihm ein Porträt von Bruno Kreisky: „Wir trinken hier auf die deutsch-österreichische Freundschaft!“, lacht der steirische Weinfreak mit Geschäftssitz in Berlin.

200 österreichische Weine werden in der „Freundschaft“ in Berlin-Mitte ausgeschenkt. Für Berliner Nachtschwärmer (und die, die schon am frühen Abend unterwegs sind) gibt's auch österreichische Schmankerl: Leberkäse vom Fleischhauer Urban aus St. Johann im Pongau, einen Rindfleischsalat mit Kernöl und Beef Tatar vom steirischen Ochsen.

Seit er aus der berühmt-berüchtigten „Cordobar“ ausgestiegen ist (die wurde wegen Lärmklage der Nachbarn geschlossen und als „normales“ Restaurant „**CORDO**“ weitergeführt), hat er die „Freundschaft“ gleich neben der bekannten Prachtstraße „Unter den Linden“ zum neuen Hotspot der Berliner aufgebaut. „In Berlin tut sich so viel, die Szene hier ist sicher die dynamischste im ganzen deutschen Sprachraum“, sagt Schlögl. Da hat er recht, der Willi.

Grießtascherl mit Bergkäse und Stör-Paprikasch

Aber wir wollen uns weniger aufs Nachtleben als auf die dynamische Restaurantszene konzentrieren. Und auch die wird von einem Österreicher angeführt. Mit seinem „**Horváth**“, dort, wo in den 70er-Jahren das „Exil“ von Aktionist Ossi Wiener Furore machte, hat sich Sebastian Frank an die Spitze der Berliner Gastronomie gekocht. Seine pannonisch-internationale Küche hat er in den letzten Jahren um ein paar Retro-Ideen erweitert: Das „Butterbrot“

wird bei ihm mit Felchen-Kaviar und Kartoffelrahm-Creme gereicht, das Grießtascherl mit Bergkäse gefüllt, der reduzierte Saft vom Paprikahenderl als Sauce für den gegrillten Stör („Stör-Paprikasch“) verwendet, und als Hommage aufs faschierte Laberl gibt's ein Pilzhaschée aus Kräuterseitlingen, das dem Laberl nicht nur ähnlich sieht, sondern auch ähnlich schmeckt.

Der Mann hat das Zeug zum dritten Stern, sagen sie in Berlin. Sterne, Hauben, egal. Sebastian Frank ist in Berlin sesshaft geworden: „Meine Frau ist aus Berlin, die zwei Kinder wachsen hier auf, und das Haus, das wir gerade gebaut haben, ist auf 15 Jahre abzuzahlen – ich denk, ich werd wohl in Berlin bleiben!“

Wer's asiatisch inspiriert haben will, geht zum großartigen Tim Raue, der trotz seiner zahlreichen anderen Restaurants meistens im Stammhaus in der Rudi-Dutschke-Straße anzutreffen ist. Einmal hat er gemeinsam mit Heinz Reitbauer (in seinem „Steirereck“ hat Sebastian Frank übrigens gelernt) ein achtgängiges Menü gekocht, der Heinz mit seinem Saibling im Bienenwachs und der Tim mit seiner Wasabi-Garnele. Und Tim Raue gab vor Publikum sogar zu, dass er sich einmal ebenfalls beworben hat im „Steirereck – aber dann doch in Berlin geblieben ist. Gut für Berlin, schlecht für Wien, einen echten „**Tim Raue**“ könnten wir schon vertragen.

Der neueste Avantgarde-Vogel kommt eher aus der Wein-Welt. Billy Wagner war (und ist bis heute) ein exzentrischer Sommelier, der gemeinsam mit seinem Kompagnon und Koch Micha Schäfer das „**Nobelhart & Schmutzig**“ eröffnet hat. Wie es seit dem „Brooklyn Fare“ in New York architektonisch en vogue ist, gibt's kaum Sitzplätze an Tischen, sondern Hochstühle an einer riesigen hufeisenförmigen Bar. Dort werden elf aufregende Minigänge mit viel Gemüse von Chicorée bis Dillblüten und Wacholder zum Verkosten gereicht – um wohlfeile 120 Euro, „inklusive Wasser, sprudelnd & still“. Und was sich Billy Wagner an Weinbegleitung einfallen lässt, ist wie immer grandios. Drei seiner Weine habe ich mir inzwischen für zu Hause bestellt. Die karamellisierte Vulva („Das war ein Kunstobjekt!“, sagt Billy) als Wegzehrung, die meine Frau empört hat, wurde zwischenzeitlich durch ein Canelé, eine Art französischer Mini-Guglhupf, ersetzt.

Natürlich gibt's auch eine Menge anderer Spitzen-Gourmet-Adressen in Berlin, die einen Besuch wert sind. In der „**Rutz Weinbar**“ beweist Marco Müller, dass er zu Recht „Berliner Koch des Jahres“ war – im Erdgeschoß gibt's bodenständige, aber feine Gasthausküche und im ersten Stock exzellentes „Fine Dining“. Und im „**Pauly Saal**“ zeigt seit kurzem Dirk Gieselmann, was er bei den Haeberlinsin der „Auberge de l'Ill“ gelernt hat: feine, französische Küche mit moderner Ausprägung.

Was Berlin wirklich ausmacht, ist die Vielzahl neuer Lokale, die in den letzten Jahren aus dem Boden geschossen sind. Kaum ein Tag vergeht ohne Neueröffnung – aber kaum eine Woche vergeht auch, ohne dass eins der trendigen Gasthäuser wieder zusperrt. Trennen wir die Spreu vom Weizen.

Wilde Auster, gegriller Maibock

Das „**Tulus Lotrek**“ in Kreuzberg gehört sicher zu denjenigen, die bleiben werden. Gemütliche Holztische, eine kompetente und freundliche Bedienung und fünf bis sieben bemerkenswerte Gänge vom Saibling mit Tomatenwasser über den Kaisergranat bis zum Lamm-Tatar und-Rippchen. Ich geb's zu, das ist mein Favorit unter den neuen Gourmetadressen. Genauso wie das „**Lode & Stijn**“ auf der anderen Seite des Landwehrkanals, wo zwei

Kumpel & Keule

Holländer vier kleine Vorspeisen und vier Hauptgänge von der wilden Auster bis zum gegrillten Maibock servieren.

Das „**Golvet**" in Berlin-Mitte wiederum präsentiert die beste Aussicht auf Berlin (aus dem achten Stock auf den Potsdamer Platz) und ein aufwändiges, ein bisschen extravagantes Menü: die Jakobsmuschel mit Rhabarber, die Königskrabbe mit Kalbskopf, den Döner mit Spargel – und zum Abschluss „Grün, Grün, Grün", ein Dessert von Sauerampfer mit grünem Spitzpaprika und Chili. Nicht süß, sondern mal was anderes.

Aber natürlich haben auch einige Gourmet-Versuchsküchen aufgemacht, die von der Kritik wohlwollend bis enthusiastisch gefeiert werden. Mir sind die, ehrlich gesagt, ein bisschen zu manieriert und zu ideologisch. Das „**einsunternull**" etwa serviert „Gerichte wie die Stadt Berlin – ehrlich, bunt, kreativ, multikulturell inspiriert und mit bodenständigem Charme". Gut, aber anstrengend. Im winzigen „**Ernst**" (12 Sitze) in Wedding liegt die Speisekarte aufgrund der Nationalität des Kochs nur Englisch auf. Vorneweg muss man ein Ticket kaufen – um 185 Euro, und der Chef erklärt einem Gang für Gang endlos, warum er was, wie und weshalb gekocht hat. Und das „**Eins44**" residiert in einem Neuköllner Hinterhof, wo sich früher eine Destillerie befunden hat, dort orientiert man sich an der nordischen Küche, allerdings deutsch-ernsthaft. Was es immer an Gräsern, Samen oder Wurzeln gibt, kommt auf den Tisch, ich hatte einmal in Fichtennadelsirup gegarte Petersilienwurzeln mit Selleriestreifen. Na ja, wenn man das braucht. Ein neuer Küchenchef soll jetzt ein bisschen mehr Leichtigkeit und Lockerheit liefern, da freut sich der Gast.

Zurück zum Essen, das Spaß macht und ein bisschen einfacher gestrickt ist. Bei „**Kumpel & Keule**" findet man eine der besten Fleischküchen in Berlin, die Burschen holen sich tatsächlich alles aus dem Berliner Umland. Das Tatar vom Tafelspitz kommt mit Cognac und Wacholder, die Lammbratwurst mit knackigen Linsen und die Bäckchen und Entrecotes vom Schwein werden als „doppelte Sauerei" angepriesen. Im „**Herz & Niere**" ist das Konzept ähnlich, allerdings gibt's dort Fleischliches auch „nose to tail" inklusive Rinderlunge, Ochsenherz und Spanferkelleber. Und für den Innereien-Freak steht ab und zu auch ein Lammhirn auf der Karte. Dass auch das Gemüse vom „eigenen Acker" kommt, wie einem am Tisch erklärt wird, macht das Kreuzberger Lokal noch sympathischer.

Cordo – Zunge

Cordo – Küchenchef Yannick Stockhausen

Apropos Gemüse und eigener Acker. Wie ein großstädtisches Versuchslabor mutet die „**Good Bank**“ nahe dem Alexanderplatz an. „Vertical Farming“ nennt sich das Konzept, bei dem mitten in der Stadt auf sieben Etagen Salat und Gemüse unter LED-Licht gedeiht und – frischer geht's nicht – direkt aus den Glasschränken auf den Teller kommt. Keine Angst, die „**Good Bank**“ ist nicht nur was für Vegetarier, man kann auch Salat Bowls mit Lachs oder Beef bestellen.

Futuristisch essen in der Data Kitchen

Weil wir schon bei außergewöhnlichen Konzepten sind, die in Berlin gedeihen. Wer's gerne futurisch und digital hat, sollte sich das „**Data Kitchen**“-Konzept anschauen. Frühstück oder Lunch wird über Handy avisiert, die Auswahl ist groß – vom Beelitzer Spargel mit Bärlauch über die Saiblingsrolle mit Gemüseampfer bis zum modernen „Strammen Max“. In der „**Data Kitchen**“ wird dann alles frisch zubereitet und der Kunde über E-Mail verständigt, wenn's fertig ist. Mit einem Code kann die Glasbox im Restaurant geöffnet und der Lunch gemütlich im 55-Sitze-Lokale verspeist werden. „Fast Slow Food“ nennen das die Gründer und danken der Software-Firma SAP für die Unterstützung. Wohl bekomm's.

Zurück in die alte Welt

Wie New York, London oder Paris hat sich auch Berlin zu einem Zentrum des Ethno-Dining entwickelt. Die großen Küchen der Welt sind alle mit Spitzenrestaurants vertreten. Im „**Kin Dee**“ isst man wie in Thailand, im „**Kochu Karu**“ wie in Korea und im „**Hotspot**“ gibt's die beste chinesische Küche, inklusive einer sensationellen Weinkarte. Nahöstliches findet man im „**Layla**“ vom israelischen Starkoch Meir Adoni, der nach Tel Aviv und New York in Kreuzberg sein drittes Lokal eröffnet hat, oder im „**Prism**“ vom anderen Israeli-Star Gal Ben Moshe, der moderne arabische Küche serviert. Und selbst Russland ist vertreten, Evgeny Vikentev hat die russische Revolution nach Berlin gebracht. In St. Petersburg wird seine avantgardistische russische Küche gefeiert, im „**Cell**“, im West-Berliner Charlottenburg, stehen Jakobsmuscheln mit Stachelbeeren, Heilbutt mit Ziegenmilch und das Chicken mit wildem Knoblauch auf der Speisekarte. Im Übrigen erspart man sich den Trip nach St. Petersburg.

Herz & Niere – Kalbsherz-Confit, frittierte Rehleber mit Beilagen

Und wo bleibt das echte Berlinerische, die „Original Berliner Küche“? Na ja, sagen wir's einmal ehrlich, so großartig war's um die Kulinarik in Berlin nie bestellt. Da dominierten eher Handfestes und Rustikales. Bei meinem ersten Berlin-Besuch vor einigen Jahrzehnten bin ich noch zu Heini Holl nahe dem Kurfürstendamm gepilgert. Dort hab ich die besten Kohlrouladen, fast armdick, verschlungen. Oder ein riesiges Eisbein, südlicher als Schweinshaxe oder Schweinsstelze bekannt. Ganz gut, aber nix für die Diät.

Der Heini Holl ist tot, aber seine Küche lebt noch weiter. Zu verkosten am besten in der „**Letzten Instanz**“ an der Spree, im angeblich „ältesten Lokal von Berlin“, immerhin soll sich dort schon 1621 eine Branntweinstube befunden haben. Oder bei „**Radke's Gasthaus Alt-Berlin**“, schon seit 35 Jahren um die Ecke vom KaDeWe, wo man meine Kohlroulade von anno dazumal „in Gedenken an Promi-Wirt Heini Holl“ offeriert.

Nach so viel Völlerei braucht man dann einen hochprozentigen Absacker. Und den nimmt man am besten – siehe eingangs – bei Willi Schlögl in der „Freundschaft“. Denn der Willi hat auch ordentliche Schnäpse, österreichische und deutsche, damit man die Roulade auch verdauen kann.

~ MEINE TIPPS ~

Freundschaft
Mittelstraße 1, 10117 Berlin
Tel: +49 30 80492444

CORDO
cordobar.net

Horváth
restaurant-horvath.de

Tim Raue
tim-raue.com

Nobelhart & Schmutzig
nobelhartundschmutzig.com

Rutz Weinbar
rutz-restaurant.de

Pauly Saal
paulysaal.com

Tulus Lotrek
tuluslotrek.de

Lode & Stijn
lode-stijn.de

Golvet
golvet.de

einsunternull
restaurant-einsunternull.de

Ernst
ernstberlin.de

Eins44
eins44.com

Kumpel & Keule
kumpelundkeule.de

Herz & Niere
herzundniere.berlin

Good Bank
good-bank.de

Data Kitchen
datakitchen.berlin

Kin Dee
kindeeberlin.com

Kochu Karu
kochukaru.de

Hotspot
restaurant-hotspot.de

Layla
layla-restaurant.com

Prism
prismberlin.de

Cell
cell.restaurant

Zur letzten Instanz
zurletzteninstanz.com

Radke's Gasthaus Alt-Berlin
alt-berlin.de

Köln, Düsseldorf

Fein speisen am Rhein

Köln war einmal eine kulinarische Diaspora. Heute steht die Stadt am Rhein fein da. Ihr ehemaliger Rivale Düsseldorf hingegen hat abgebaut.

Strammer Max, Currywurst, Bouletten – so stellen sich nicht nur viele Österreicher, so stellt sich die halbe Welt die deutsche Küche vor. Aber das ist Geschichte. „Die Kulinarik hier in Deutschland wird international nicht so geschätzt, wie es ihr gebührt", sagt ausgerechnet ein Österreicher, nämlich Eckart Witzigmann, Jahrhundertkoch. Und er muss es wissen. Denn mit dem gebürtigen Gasteiner hat die Küchen-Vita bei unseren Nachbarn erst begonnen.

„Der Ecki war sozusagen der Urknall!", urteilt Joachim Wissler, Drei-Sterne-Koch in Bergisch Gladbach, unweit von Köln, und der Top-Chef im Westen Deutschlands. „Seine Schüler waren Wohlfahrt, Winkler, Haas. Und deren Schüler, und dazu gehöre ich auch, haben sich über ganz Deutschland ausgebreitet!" Eine österreichisch-deutsche Küchenrevolution eben.

Bleiben wir im Westen, im Rheinland, bei Joachim Wissler. Das „**Vendôme**" im Schloss Bensberg ist ein untypischer Ort der Hochgastronomie. Gemütlich und ohne große Gesten geht es dort zu, der Service ist nicht überkandidelt, sondern charmant, und die Küche eben eine der besten in Deutschland. So dominant gut, dass Wissler in diesem Jahr für sein Lebenswerk bei der Trophée Gourmet A la Carte mit der Internationalen Ehrentrophée ausgezeichnet worden ist.

Joachim Wissler: „Natürlich verwende ich auch internationale Produkte, aber vor allem geht's mir darum, die kulinarische DNA der deutschen Küche wiederzuentdecken und weiterzuentwickeln. Die französische Küche war eine gutbürgerliche, bevor sie revolutioniert worden ist. Aber auch wir haben vor allem in den Regionen ein ungeheures Potenzial, das wir nützen können!" Und das tut er. Nicht immer nur Steinbutt und Co, sondern Saibling und Forelle, zum Beispiel roh mariniert, über Buchenholz geräuchert und mit einer Jus, in der Tannenwipfel die Geschmacksträger sind. Nicht nur Bresse-Hühner, sondern auch Schwein, dem zuvor ein freies Leben im Stall und auf der Wiese vergönnt war. Und davon etwa das Kinn mit Liebstöckelsaft und Eierschwammerln. Und selbst bei den Gillardeau-Austern findet Wissler einen heimischen Bezug. Die werden in der Schale gegrillt und nachher mit Weizenbierschaum verfeinert. Das hat seinen Preis: 165 Euro für den Gourmet-Lunch und deutlich über 200 Euro fürs große Menü. Natürlich ist das viel, aber noch immer deutlich unter dem Niveau von London oder Paris.

Aber auch um weniger Geld lässt es sich heute in der ehemaligen kulinarischen Diaspora Köln ganz gut essen. Vor allem dank junger und innovativer Köche, die das Niveau in der Domstadt – eher durch ebenso launige wie kulinarisch gruselige Kölsch-Brauhäuser bekannt – deutlich angehoben haben. Im neuen „**Ox & Klee**“ am Rhein zeigt Daniel Gottschlich, dass es auch um etwas weniger große Gourmetküche gehen kann. Die Küche von Jan Cornelius Maier und Tobias Becker im „**Maibeck**“, direkt am Rhein hinter dem Dom, ist unkompliziert und trotzdem erstklassig – für die Messebesucher am einfachsten direkt über die Rheinbrücke per pedes zu erreichen.

Kalbskopf, Ferkel und Nordseekrabben

Die beste Weinkarte gibt's in der „**Henne Weinbar**“ und bei „**heinzhermann**“. In der gemütlichen Weinbar kann man nicht nur aus Hunderten Weinen wählen, sondern bekommt auch großartige Tapas – von King Fish mit Buttermilch, Kalbskopf mit Essig-Kartoffel-Chips bis Ferkel mit Pfifferlingen und Nordseekrabben in Dillöl – für den ganzen Tisch serviert. Und das um wohlfeile 45 Euro pro Person. Bei „**heinzhermann**“, dem Bistroableger vom Fine-Dining-„**Restaurant Maximilian Lorenz**“, hinter dem Bahnhof wiederum sitzt man quasi im Weinkeller und kann unter 1500 internationalen Weinen auswählen, wobei zehn davon auch glasweise ausgeschenkt werden.

Weitere Tipps für einen schönen Abend in Köln, ohne das Gefühl zu haben, gleich das Monatsgehalt am Tisch zu lassen: Bei „**Metzger & Marie**“ (Marc Flogaus kommt tatsächlich aus einer Metzger-Familie) liegt der Schwerpunkt natürlich beim Fleisch. Die Portionen sind riesengroß, für nicht so hungrige Esser lohnt es sich, Vorspeise oder Hauptspeise zu teilen. Im „**Neobiota**“ gibt’s nur Platz für 32 Gäste, aber die acht Gänge von der Jakobsmuschel mit Wassermelone bis zum raffinerten Brathuhn mit Salat sind eine Reservierung wert. Genauso wie im „**Pure White**“ lässt Chefin Sabah von Borries den Josper-Grill anwerfen und Delikatessen von der Riesenkrabbe bis zum Steak servieren. Kleiner Nachteil: Auch Kleid und Anzug nehmen Geruch und Geschmack der offenen Grillage dankbar an.

Wer auch im deutschen Westen auf Italienisch-Mediterranes nicht verzichten kann, lässt sich im „**Alfredo**“ von Chef Roberto nicht nur bekochen, sondern auch die eine oder andere italienische Opernarie vorsingen (das macht er tatsächlich öfters mal zur Nachspeise). Oder man besucht das „**Teatro**“ in der Kölner Südstadt, wo Chef Kevin Spatola Pasta, Branzino und Steak Fiorentina mustergültig anrichtet.

Doch auch Einheimisches kann man in Köln abseits der Brauhäuser konsumieren. Die Rindsroulade und der Sauerbraten des Kölschen Urgesteins „**Höhn**“ sind durchaus einen Besuch in der Vorstadt wert, inklusive einer Auswahl von rund 60 Schnäpsen zur besseren Verdauung.

Im Vergleich zu Köln hat Rhein-Rivale Düsseldorf in den letzten Jahren deutlich verloren. Ja, das berühmte „**Schiffchen**“ von Jean-Claude Bourgueil gibt’s noch immer und man isst dort angenehm traditionelle Hochküche, neuerdings mit italienischen Einsprengseln. Nachdem sich Sternekoch Peter Nöthel vom legendären „Hummerstübchen“ in den Ruhestand verabschiedet hat, ist jetzt das „**Dr. Kosch**“ von Volker Drkosch (so kam’s zum Dr.) mein Lieblingslokal geworden. Lässig, modern und manchmal gewagt ist die Küche in der kleinen Gastro-Bar, und Maître Noack schenkt großartige Weine zu tatsächlich günstigen Preisen dazu aus.

Zwei Neuzugänge der letzten Jahre haben sich inzwischen fest etabliert und lassen auf mehr moderne Küchenkonzepte auch im konservativen Düsseldorf hoffen. Das „**Agata’s**“ im Süden und das „**Fritz’s Frau Franzi**“ sind nicht nur trendy mit internationalem Flair, sondern überzeugen auch kulinarisch. Und in der neu eröffneten „**EssBar**“ in Pempelfort wird deutsch-französisch zu zivilen Preisen gekocht.

Sushi mit Gänseleber, Knödel aus Lotuswurzeln

Aber über all dem thront in Düsseldorf die japanische Küche. Nirgendwo in Deutschland leben mehr Japaner als hier, und das wirkt sich auch kulinarisch aus. Interessanterweise sind praktisch alle guten Japaner auf einem Fleck, nämlich in der Klosterstraße bei der Altstadt. Die Nummer eins ist sicherlich das „**Nagaya**", wahrscheinlich einer der besten Japaner in ganz Deutschland. Dort wird die Wasabi-Wurzel noch am Tisch gerieben, und das Omakase-Menü von Herrn Nagaya ist nach dem „East-meets-West"-Prinzip gestrickt (Sushi mit Gänseleber, Knödel aus Lotuswurzeln, Kabeljau mit Buchweizen). Für die kleinere Brieftasche empfiehlt sich der Ableger „**Yoshi**" um die Ecke oder das „**Kikaku**" zwei Häuser weiter, wo das Menü schon um 45 Euro zu haben ist.

Nicht gerade rheinische Regionalküche. Aber der Trend am Rhein stimmt, auch wenn gut Ding manchmal sehr viel Weile braucht.

~ MEINE TIPPS ~

Köln

Vendôme
schlossbensberg.com

Ox & Klee
oxundklee.de

Maibeck
maibeck.de

Henne Weinbar
henne-weinbar.de

heinzhermann / Maximilian Lorenz
maximilianlorenz.de

Metzger & Marie
metzgermarie.de

Neobiota
restaurant-neobiota.de

Pure White
pure-white-food.de

Alfredo
ristorante-alfredo.com

Teatro
teatro-ristorante.de

Höhns Biergarten
Bonner Str. 381,50968 Köln
Tel: +49 221 3481293

Düsseldorf

Schiffchen
brauerei-zum-schiffchen.de

Dr. Kosch
dr-kosch.de

Agata's
agatas.de

Fritz's Frau Franzi
fritzs-frau-franzi.de

EssBar
hm-essbar.de

Nagaya / Yoshi
nagaya.de

Kikaku
kikaku.de

Hamburg
Wie der Hamburger, so die Küche

Etwas konservativ, großbürgerlich, ohne Allüren, so könnte man die Hamburger charakterisieren und auch die Gastroszene im Norden zusammenfassen.

In den letzten Jahren hat sich aber einiges getan: Dass Kevin Fehling mit seinem Restaurant in der neuen Hamburger Hafencity schon kurz nach der Eröffnung drei Sterne erhalten hat, ist kein Zufall. In seinem Restaurant „**The Table**" ist eigentlich alles außergewöhnlich. Hier gibt's keine Tische, sondern eine langgezogene Theke für 20 Gäste, vor der Gang für Gang die Speisen zubereitet und auf die andere Seite hinüberserviert werden. Natürlich passt Fehlings strikt international ausgerichtete Küche zu den Michelin-Vorstellungen, was Gourmettempel heutzutage zu offerieren haben, nämlich alles von überall: Rauchfleisch und Austern, Hamachi und Spitzkohl, Kaviar und Seeigel und die Entenbrust mit Rotkohl-Maki. Aber immerhin, der Michelin ist zumindest über seinen französischen Schatten gesprungen und hat Avantgarde akzeptiert.

Bäckchen und Schwanz von der Forelle

Rundherum gibt's auch ein paar Neuigkeiten in der Hafenstadt. Der interessanteste Neuzugang in den letzten Jahren ist das „**100/200**". Ausgerechnet in einer Lagerhalle in der Nähe der Autobahn. Aber trotzdem sollte man Küchenchef Thomas Imbusch unbedingt besuchen und seine Kreationen ausprobieren. 100 steht natürlich für das kochende Wasser und 200 für den heißen Ofen. Die Vorspeisen serviert er direkt in der Küche, dann erst geht's am Tisch weiter, und zwar „Nose to Tail", also vom Kopf bis zum Fuß des jeweiligen Produkts – Bäckchen und Schwanz von der Forelle, die Hahnenkämme als Risotto, die Innereien als Ragout, die Schweinsblase gefüllt im Ganzen und die Kalbsbrust noch an der Karkasse. Ja, abenteuerlustig muss der Gast schon sein, wenn er im „**100/200**" gebucht hat. Und Buchen ist wichtig, das Menü muss – unbekannterweise – schon beim Reservieren bezahlt werden,

Weinkarte gibt's auch nicht, sondern man sucht sich seinen Lieblingswein mit Beratung durch die Sommelière im Weinkeller selbst aus.

Wer's lieber mediterran hat, der ist im „**Bianc**" in der Hafencity richtig. Dort kocht ein Süditaliener, der in Hamburg seine neue Heimat gefunden hat und vor allem bei den Fischen brilliert. Natürlich sollten wir nicht auf die traditionellen Spitzenlokale vergessen. Christoph Rüffer kocht im „**Haerlin**" im Hotel Vier Jahreszeiten besser als je zuvor, und im „**Seven Seas**" von Tausendsassa Karlheinz Hauser habe ich mich immer schon wohlgefühlt. Im goldglänzenden Speiseraum werden Menüs angeboten, eines davon rein vegetarisch. Schließlich gibt's auch in Hamburg immer mehr, die zu Fisch und Fleisch Nein sagen. Übrigens hat Hausers Sohn mit dessen Hilfe vor kurzem das „**Poké You**" in der City aufgemacht, bei dem die hawaiianische Spezialität im Mittelpunkt steht. Und Poké, das wissen wir, ist derzeit besonders en vogue.

Frische Matjes auf Volkornbrot

Aber zurück zu „echt Hamburg". Wer wissen will, wie die Hamburger seit 50 Jahren ihren Fisch serviert bekommen wollen, geht ins „**Fischereihafen**"-Restaurant, eine wirkliche Institution, die vom Gründersohn Dirk Kowalke entstaubt und modernisiert worden ist. Neben der klassischen Hummersuppe und dem omnipräsenten

Fischereihafen

Die gute Botschaft

Steinbutt gibt's jetzt auch California Salmon Rolls und Crunchy King Prawn Rolls, aber mein persönlicher Höhepunkt ist nach wie vor der herrliche frische Matjes, ob als Tatar oder konservativ auf Vollkornbrot. Noch mehr Fisch asiatisch findet man bei „**Henssler & Henssler**" gegenüber vom Fischmarkt, wo das Mittagsmenü um 25 Euro besonders zu empfehlen ist. Aber erwarten Sie bitte nicht, dass Sie Steffen Henssler tatsächlich dort treffen, live bekommt man ihn nur im TV zu sehen.

Und weil wir gerade bei den Fernsehköchen sind, die „**Bullerei**" von Tim Mälzer ist ein Anziehungspunkt für alle Fleischliebhaber. Voll, laut, deftig, aber auch qualitätsmäßig auf hervorragendem Niveau, da schaut der Tim schon manchmal noch selbst vorbei. Ein bisschen ruhiger und gediegener geht's in seinem Restaurant im Hafen, der „**Guten Botschaft**" zu. Zu Mittag gibt's dort Königsberger Klopse, aber am Abend – nur von Mittwoch bis Samstag – wird's innovativer, da zeigen seine japanischen Sous-Chefs, was sie können. Von der Soba-Nudelsuppe bis zum gebackenen Steak-Sandwich mit Tonkatsu-Sauce.

Noch zwei Hinweise für all jene, die's eigentlich gemütlich, aber doch schick haben wollen, sozusagen Hamburger Bistro-Atmosphäre: Das „**Vlet**" (althochdeutsch für „Kanal") in der Speicherstadt bringt moderne norddeutsche Küche mit Aal und Flusskrebs, Hasenrücken und Hirschbäckchen. Und das „**Heldenplatz**" soll nicht an die Wiener Stätte mit zweifelhaftem Ruf erinnern, sondern an „alle Menschen, die ihr Leben im Alltag meistern – von der alleinerziehenden Mutter bis zum Unfallchirurgen, der Leben rettet". Na ja, ein bisschen viel Philosophie für ein Wirtshaus. Aber das Essen ist okay, und es wird bis spät in die Nacht (zwei Uhr!) serviert – was für das konservative Hamburg nicht selbstverständlich, aber sehr praktisch ist. Zum Beispiel, wenn man in der nach mehr als zehn Baujahren endlich fertiggestellten Elbphilharmonie einen Platz ergattert hat und nachher noch etwas essen will ...

~ MEINE TIPPS ~

The Table
the-table-hamburg.de

100/200
100200.kitchen

Bianc
bianc.de

Haerlin
restaurant-haerlin.de

Seven Seas
karlheinzhauser.de

Poké You
pokeyou.de

Fischereihafen Restaurant
fischereihafenrestaurant.de

Henssler & Henssler
hensslerhenssler.de

Bullerei
bullerei.com

Die gute Botschaft
dgb.hamburg

Vlet
vlet.de

Heldenplatz
heldenplatz-restaurant.de

München

Bayern abseits von Weißwurst und Brez'n

In der bayerischen Hauptstadt pflegt man den kulinarisch guten Ruf, ohne dass es große Innovationen gibt. Auch abseits des Oktoberfestes herrscht gediegene Gemütlichkeit.

Lauwarmes Bier literweise aus schweren Maßkrügen zu stemmen, dröhnende Umtata-Musik von hölzernen Festtribünen herab zu ertragen und glücklich in der Lederhose eine halbe, leicht verbrutzelte Ente zu verspeisen – ehrlich gesagt, das Oktoberfest in München gehört nicht zu meinen größten Vergnügungen. Mit dem Essen und Trinken in Massenabfertigung habe ich so meine Probleme. Und die letzte Lederhose hatte ich mit vier Jahren, die passt mir nicht mehr.

Für Feinspitze gibt's nur eine Rettung, und die heißt „**Käfer**". Im „**Käfer**"-Zelt (das eher eine Holzpawlatschen als ein Zelt ist) bei der Bavaria auf der Wiesn lässt sich das Oktoberfest am besten ertragen und sogar genießen. Natürlich ist auch dort der Rummel groß und die Musik laut, aber dafür die Verpflegung um einige Klassen besser. „In den 70er-Jahren hat mein Vater Wein und Champagner in Bierkrüge eingefüllt. Denn damals durfte man nur Bier verkaufen!", lacht Michael Käfer, der bekannteste Münchener Gastronom. „Heute ist es schon erlaubt und macht rund 15 Prozent des Getränkeumsatzes aus – Tendenz steigend."

Und so kann man dann zu ordentlicher Ente oder Gans ein ordentliches Bier trinken, dann einen Sauvignon Blanc vom Tement zum Kaiserschmarrn und zum Abschluss einen Schluck Laurent-Perrier, nicht aus dem Maßkrug, sondern aus dem Champagnerglas.

Flucht in mein geliebtes „Tantris"

Ich geb's zu, letztes Mal bin ich trotzdem aufgrund des Lärmpegels vorzeitig von der Wiesn geflüchtet – und zwar in mein geliebtes „**Tantris**". Dieser Klassiker im orangefarbenen 60er-Jahre-Stil ist schon was ganz Besonderes. Und zwar, weil der Hans Haas aus der Tiroler Wildschönau dort jahrzehntelang aufgekocht hat. Er ist ein Meister der Aromen und der Verbindung von klassischer Küche (Tirol, Bayern) und moderner Stilistik. Das Ergebnis: lauwarme Forelle mit Apfel/Sellerie im Holunderblütenfonds. Oder Lammschulter mit bayerischen Bohnen und Rucolapolenta. Und zum Schluss die Tiroler Grießknödel mit Zwetschken. Leider geht der Leuchtturm der Münchner Gastronomie Ende 2019 in Pension und gibt künftig nur noch Kochkurse. Da muss ich mich umgewöhnen ...

Der neue Spitzenmann in München heißt Jan Hartwig, den der Guide Michelin in den Drei-Sterne-Himmel gehoben hat. Er zelebriert seine Sterneküche im „**Atelier**" im Bayerischen Hof. Sein Aufstieg ist phänomenal, in nur fünf Jahren hat er München und seine Gourmets erobert. Seine Küche ist im besten Sinn international. Pulpo, Austern, Schweinebauch, Entenbrust und Käse von Maître Affineur Antony. Auch Bobby Bräuer im „**EssZimmer**" in der BMW-Welt liebt völlig unbekümmerte Kombinationen. Bei ihm gibt's die Gänseleber mit Birne und Kardamom, den Wolfsbarsch mit Rosinen und Kapern und das Milchkalb mit Haselnussessig.

Wie gesagt, abseits der Spitze hält sich die bayerische Innovationskraft in Grenzen. Die besten Italiener sind nach wie vor die „**Alba Trattoria**" und das „**Acquarello**" in Bogenhausen, dorthin pilgert vor allem das gutbürgerliche Klientel, während die Freunde aus der Schickimickiszene die wenigen originellen neuen In-Lokale

Tantris

bevölkern: etwa das „**Rocca Riviera**“ im Haus der Siemens-Zentrale (Motto: französisch/italienisch/spanisch, Hauptsache Mittelmeer), das asiatische „**Koi**“ gleich daneben (Motto: Hakkasan auf Bayerisch) oder auch das „**Der Dantler**“ in Obergiesing, eine Art bayerisches Deli.

Wirkliche Klasse bietet dagegen der japanisch-deutsche Küchenchef Tohru Nakamura in Schwabing, der im „**Geisels Werneckhof**“ eine interessante Fusionsküche aus seinen beiden Heimatwelten bietet. Und der türkischstämmige Ali Güngörmüs, der von Hamburg nach München gekommen ist und türkische Küche „at its best“ in den Fünf Höfen im „**Pangeou**“ (heißt wie seine Heimatstadt) gleich neben dem Bayerischen Hof anbietet. Nicht zu vergessen: Für überzeugte Veganer oder alle, die sich gerne einen Gemüsetag leisten, hat das Wiener „**Tian**“ einen Ableger in München aufgemacht.

Aber seien wir ehrlich, was wäre ein München-Besuch ohne Schweinsbraten, Fleischpflanzerl und Leberkäse? Auch die oben genannten hochdekorierten Köche gönnen sich das von Zeit zu Zeit. Wo – das ist eine Glaubensfrage. Der „**Franziskaner**“ ist solide wie immer, im „**Spatenhaus**“ an der Oper ist's ein wenig vornehmer, und für den kleinen Hunger zwischendurch empfiehlt sich das neu renovierte „**Andechser am Dom**“. Gemütlich, mit Brez'n und Bier, sind sie alle. Diese unaufdringliche Gemütlichkeit, auch bei den Sterneköchen, ist es, was München und Umgebung kulinarisch besonders auszeichnet. „In Wahrheit sind wir alle Gasthäuser und keine Wirtshäuser!“, sagt Hans Haas, der Doyen, künftig a. D. „Nicht der Wirt steht im Mittelpunkt, sondern der Gast.“ So einfach ist das, zumindest in München.

Spatenhaus an der Oper – Sternekoch Freddy Gutierrez

Atelier Bayerischer Hof

~ MEINE TIPPS ~

Käfer Wies'n Schenke
feinkost-kaefer.de/wiesn-schaenke

Tantris
tantris.de

Atelier
bayerischerhof.de

Ess Zimmer
esszimmer-muenchen.de

Alba Trattoria
Oberföhringer Straße 44,
81925 München
Tel: +49 89 98 53 53

Acquarello
acquarello.de

Rocca Riviera
roccariviera.com

Koi
koi-restaurant.de

Der Dantler
derdantler.de

Geisels Werneckhof
geisels-werneckhof.de

Pangeou
pangeou.de

Tian
tian-restaurant.com/muenchen

Franziskaner
zum-franziskaner.de

Spatenhaus an der Oper
kuffler.de/de/restaurant
/spatenhaus

Andechser am Dom
andechser-am-dom.de

Zürich

Junge Wilde statt alter „Kronenhalle"

In die Rösti-Kultur von Zürich ist Bewegung gekommen. Aufmüpfige Köche rechts und links der Limmat stellen die berühmte „Kronenhalle" in den Schatten. Trotzdem: Wer an den Zürisee reist, hört stets dieselbe Empfehlung: „Du musst unbedingt in die ‚Kronenhalle', dort trifft sich ganz Zürich!"

Ja, ja, die „**Kronenhalle**". Die sich selbst als „weltbekanntes Restaurant" bezeichnet. Wo Chagall, Miró und Matisse an den Wänden hängen. Und wo der Gast für eine Kalbsbratwurst 25 Euro und für das legendäre Kalbsgeschnetzelte mit Rösti – butterzarte Kalbsfiletstreifen mit einer sämigen, samt Champignons pürierten Rahmsauce – 50 Euro hinlegen muss. Ehrlich gesagt, einmal muss man dort gewesen sein, um das zu genießen – vor allem, wenn man dazu eingeladen ist und nicht selbst zu bezahlen hat.

Aber abseits der „**Kronenhalle**" waren ausgerechnet ein Österreicher und ein Deutscher an der kulinarischen Aufrüstung Zürichs beteiligt. Wobei Marcus Lindner ein Vorarlberger und somit eigentlich ein halber Schweizer ist. Im Restaurant „**Mesa**" (auch heute – unter seinem Nachnachfolger – einen Besuch wert) erkochte er zwei Michelin-Sterne und wurde damit zur Nummer eins in Zürich. „Das war eine fantastische Zeit damals, und die Menschen haben nicht nur meine mediterrane Küche mit Schweizer Einsprengseln, sondern auch mein Wiener Schnitzel geliebt", erzählt er. Nach einem Aufenthalt im mondänen Gstaad ist er im letzten Jahr wieder nach Zürich „heimgekehrt" – und zwar auf den Sonnenberg, gleich um die Ecke von der FIFA, der auch das gleichnamige Restaurant gehört. Dort kocht er nicht nur für den exklusiven FIFA-Club, sondern auch für all jene, die vom "**Sonnenberg**" die schöne Aussicht auf Zürich und den See genießen wollen. Der Trend ist klar: „Die FIFA-Herren lieben nach wie vor ihren traditionellen Hummersalat", plaudert Lindner über seine neue Wirkungsstätte. „Aber immer mehr freuen sie sich heutzutage

über regionale Spezialitäten, wie ein Freilandhuhn von unserem Schweizer Züchter Kneuss. Klar, schließlich hat der Trend zu mehr Regionalität zwischenzeitlich sogar Zürich erreicht.

Als Nummer eins abgelöst hat ihn ein Deutscher. Heiko Nieder ist der Küchenchef von „**The Restaurant**". Im noblen Dolder Grand Hotel mit einer innovativen Gourmetküche und eigenem Gemüse- und Kräutergarten hinter dem noblen Haus hat er die Spitze in Zürich erklommen. Das große Menü hat allerdings einen ordentlichen Preis, sechs Gänge um 238 Euro! Dafür führt der geborene Hamburger seine Gäste rund um die Welt: Die Flusskrebse kommen aus Gallizien, die Makrele aus Japan, der Kaisergarant aus Südafrika, der Steinbutt aus der Bretagne, das Reh aus Österreich und das Beef aus Italien. Nur die Pfifferlinge, so nehme ich an, stammen aus der Umgebung.

Mistchratzerli von der Koch-Revoluzzerin

Wer eine weiterentwickelte Schweizer „Cuisine Alpine" genießen will, der muss zu den jungen Wilden pilgern. Aufmüpfige Küchenchefs, deren Restaurants sich glücklicherweise in den letzten paar Jahren rechts und links der Limmat etabliert haben.

Am bekanntesten ist wohl Meta Hiltebrand, die im „**Le Chef**" im quirligen Kreis 4 für 20 Gäste aufkocht. Mit ihren orangefarbenen, nach hinten gegelten Haaren ist sie im Schweizer Fernsehen genauso bekannt wie als Kochbuchautorin und Kochrevoluzzerin. „Ich brauch kein Chichi und keine Sterne, ich möchte einfach geradlinig kochen!", umschreibt sie ihren Stil. Na ja, geradlinig ist untertrieben, sie bietet in diesem jungen Foodie-Lokal schon ein bisschen mehr. Etwa eine gebackene Tomatensuppe mit frischen Kräutern und Vanilleöl (ohne Wasser, nur aus frischen Tomaten!) oder ein kleines Mistchratzerli (also Freilandhendl) mit Fenchel, Orangenhonig und Wasabi-Nüssen. Wobei sich Kenner des „Le Chef" am Schluss ihr warmes Schokoladenküchlein mit flüssigem Kern auf eingemachtem Zwetschgenkompott sicher nicht entgehen lassen.

Auch Jann Hoffmann im „**Café Boy**" (komischer Name, aber, um mit den Michelin-Testern zu sprechen, einen Umweg wert) versucht, alle Grundprodukte aus der Umgebung zu bekommen. Kalb, Schwein, Lamm und Reh vom Metzger aus Toggenburg im Kanton St. Gallen, das Gemüse aus Ramsen im Kanton Schaffhausen, die Fische, wenn's jahreszeitlich geht, aus dem Zürisee. Und auf den Tisch kommen interessante Kombinationen wie ein Raviolo mit Petersilwurzelpüree oder Häcktätschli (Faschiertes) mit Bärlauchspätzli.

Noch etwas abenteuerlustiger kocht Küchenchef Marius Frehner im „**Gamper**", einem In-Lokal mit Wirtshausflair und ohne Reservierungsmöglichkeit – doch die halbstündige Wartezeit zahlt sich aus. Zuerst ein geröstetes Sauerteigbrot, dann kalte Randen-Suppe (Rote Rüben) mit Haselnüssen und Schnittlauchöl, Berner Spargel mit Eschalotten und Majoran, eine Königstaube mit Krautstiel. So wie bei seiner „wilden Kollegin" zahlt man dafür zwischen 50 und 60 Euro fürs Menü. Für Schweizer Verhältnisse geradezu günstig, bedenkt man, dass – so die „Neue Zürcher Zeitung" – hierzulande ein Küchenpraktikant gleich viel verdient wie ein Küchenchef in Spanien.

Und noch ein persönlicher Hinweis fürs Wohlfühl-Dinner mit Familie: In der „**Markthalle**" unweit vom Hauptbahnhof genießt man auf Holzbänken die Produkte der Marketender von rundherum. Fangfrische Forelle vom Fischstand oder Markknochen, Rindstatar und Kalbshaxe vom Fleischhauer und ein Dutzend offener Weine von der Vinothek.

Der Sonnenberg

Aber ich höre schon die Klage: „Wo kriegt man denn gut und preiswert was richtig deftig Schweizerisches?"

Als Ausländer ist man ja etwas ratlos, wenn man an den vielen Beizen, so heißen die Wirtshäuser hier, vorbeiflaniert. Daher zurück zu meinen Schweizer Freunden. Sie wissen schon, die mit dem Faible für die „**Kronenhalle**", denn bei Wirtshäusern darf man ja konservativ sein.

Nummer-eins-Empfehlung für alles, was unsereins als „schweizerisch" empfindet: die „**Walliser Kanne**" auf der anderen Seite vom Hauptbahnhof für Fondues und Raclettes jeder Art – mit Käse oder Tomaten oder Alpenkräutern oder Steinpilzen oder Trüffeln oder … Die zweite Empfehlung ist nur wenige hundert Meter weiter auf der Bahnhofstrasse. Der „**Zeughauskeller**", zugegeben ein bisschen folkloristisch, aber auch die Schweizer kehren dort gerne ein –

Walliser Kanne

vor allem um die Wurstspezialitäten zu genießen. Die Bratwurst gibt's meterweise (kein Scherz, reicht für vier Personen!), der geräucherte Schüblig kommt entweder aus Zürich, aus Augustin oder aus St. Gallen (mir schmeckt der Augustiner am besten), es gibt auch einen Wurstspieß, auf dem die verschiedenen Wurstproben zum Kosten aufgereiht sind.

Und weil wir schlussendlich beim guten und einfachen Essen angelangt sind: Am schönsten lässt sich der Tag in Zürich auf einem Campingplatz beschließen. Bei „**Fischers Fritz**" am Westufer des Zürisees, eine Viertelstunde von der Innenstadt entfernt. Entweder auf dem Balkon der „**Camping-Beiz**" (Selbstbeschreibung) oder vorne am See wird aufgetischt, was Fischer Adrian Gerny tagsüber gefangen hat. Felchen oder Egli, Hecht oder Seeforellen, Trüschen oder Saibling – gebacken als „Knusperli" mit Sauce tartare, dazu ein Glas Silvaner vom Zürcher Weingut Erlenbach.

Ich hab's probiert, auch ohne Chagall und 50 Euro fürs Geschnetzelte in der „Kronenhalle" lässt sich's in Zürich vorzüglich leben.

~ MEINE TIPPS ~

Kronenhalle
kronenhalle.ch

Mesa
mesa-restaurant.ch

Der Sonnenberg
dersonnenberg.ch

The Restaurant
thedoldergrand.com

Le Chef
restaurant-lechef.ch

Café Boy
cafeboy.ch

Gamper
gamper-restaurant.ch

Markthalle
restaurant-maha.ch

Walliser Kanne
walliser-kanne.ch

Zeughauskeller
zeughauskeller.ch

Fischers Fritz
fischers-fritz.ch

Europa

za
SARDINIEN
Irosei
Mahr's
MITTELMEER
express

Paris
Die neuen und die alten Bistros

Wenn's um gutes Essen geht, denkt man unwillkürlich an Paris, an die berühmte französische Küche. Aber für mich ist das eigentlich Geschichte.

Von Escoffier über „Nouvelle Cuisine"-Erfinder Paul Bocuse bis zum Küchenmulti Alain Ducasse, der rund um die Welt (weiß der Teufel, wie viele) Sterne gesammelt hat, haben die Franzosen die Gastronomie technisch und praktisch bestimmt. Dafür ist die französische Küche berühmt.

Klar, die Drei-Sterner in Paris liefern natürlich auch heute noch großartige Küche, aber die Küchenmusik hat in den letzten Jahren woanders gespielt (auch wenn mir viele jetzt Ignoranz vorwerfen werden). In Spanien, wo Ferran Adriá mit seiner Molekularküche die Kochkunst verändert hat. Oder in Skandinavien, wo „Noma"-Erfinder René Redzepi die „natürliche" Küche mit Gräsern, Samen und Ameisen begründet hat.

Aber jetzt schlagen die Franzosen wieder zurück. Und zwar die jungen, hungrigen Chefs, die ihr Talent nicht unbedingt mit Michelin-Sternen befriedigen, sondern die traditionelle Bistro-Küche wiederentdeckten und weiterentwickelt haben. „Bistronomie" nennen das die Franzosen, und wir reden von den „neuen Bistros". Deren Küche ist einfach, aber originell, leicht und mit Anleihen aus aller Welt – am liebsten aus der asiatischen – versehen. Und vor allem sind sie preisgünstig, sodass sich auch der Normalbürger Lunch oder Dinner leisten kann.

Kalbsbries mit Sauce Gribiche, Tintenfisch mit Pinienkernen

Begonnen hat alles mit einem jungen Franzosen, der bei Jamie Oliver in London gelernt hat. Dort nannten sie ihn „**Frenchie**" – und so taufte er, zurück in Paris, sein Neo-Bistro. Um 45 Euro serviert er vier Gänge zu Mittag und um 74 Euro sechs Gänge am Abend. Wer heutzutage einen Tisch haben will, muss auf Wochen hinaus reservieren. Bei seinem Barableger „**Frenchie Bar à vins**" gleich daneben kommt man einfacher rein. Aber das Kalbsbries

mit Sauce Gribiche oder der Tintenfisch mit Pinienkernen sind genauso gut und werden in Tapas-Portionen serviert. Dazu gibt es 15 offene Weine von kleinen Weingütern, von denen ich, ich gebe es zu, noch nicht viel gehört habe, die den großen Namen aber um nichts nachstehen.

Ebenfalls recht preisgünstig speist man auch hinter der Bastille, im „**Septime**" von Bertrand Grébaut, einem der Mitbegründer der „Bistronomie". Keine Tischdecken, dafür Holztische. Keine dicken Saucen, sondern japanische Schlichtheit, wie rohe Makrele mit Rotkraut oder Hühnerleber mit Pilzen. Auch er hat nebenan eine Dependance, das „**Clamato**". Dort konzentriert sich die Bistroküche auf Fisch, von der Sardinen-Tarte mit Salsa Verde bis zum Thunfisch mit Zucchiniblüten.

Ich gehe aber am liebsten ins „**Chateaubriand**" zu Inaki Aizpitarte, einem Basken, der in Paris groß rausgekommen ist. Es gibt nur ein Menü, nach der Art „Friss, Vogel oder stirb" – 75 Euro für sieben grandiose Gänge, eine Symphonie zwischen Paris und San Sebastian. Aus der Küche kommen nicht nur feine Gerüche, sondern laute Rockmusik und die Kellner sind meist tätowiert. Nicht umsonst gilt der Baske als Rockstar der Küche. Auch er hat ein Haus weiter ein Zweitlokal, nämlich das „**Dauphin**". Dort kann man auf Hochstühlen aus 20 Gerichten das Menü selbst zusammenstellen, das dann für den ganzen Tisch serviert wird.

Septime

Noch mehr aus der Abteilung Bistronomie: Um die Ecke von Boulevard Saint Michel am Carrefour de L'Odeon hat Yves Camdeborde ein kleines Bistrotimperium aufgebaut. Im „**Le Comptoir**" gibt's Huhn mit Kartoffelpüree und Steak Frites, im „**L'Avant Comptoir de la Terre**" wird Fleisch und Gemüse und im „**L'Avant Comptoir de la Mer**" Seafood, jeweils in Tapas-Portionen, aufgetischt.

Und zum Dessert Milchreis von Maman Philomène

Aber seien wir ehrlich, manchmal kommt auch Nostalgie auf und dann sehnt man sich nach den guten, alten Bistros, die in Paris noch immer zu finden sind. Im „**L'Ami Jean**" stehen nicht nur herrliche hausgemachte Terrinen und Lamm auf der Speisekarte, sondern auch Milchreis, angeblich von der Mama Philomène. Bei „**Paul Bert**" ist alles noch eine Stufe rustikaler, Holztäfelung und wackelige Stühle inklusive.

Ein ganzes Huhn für zwei Personen mit Kartoffeln und Gemüseauflauf freut jeden, der auch in Paris auf Hausmannskost setzt. Großartig, aber den Nachtisch haben meine Frau und ich wieder abbestellt, weil im Magen absolut kein Platz mehr war.

Aber auch Altstar Alain Ducasse hat bei den Bistros zwischenzeitlich gewaltig mitgemischt. Er hat rechtzeitig auf das Revival gesetzt, zwei der besten aufgekauft, renoviert und in alt-neuem Glanz erstrahlen lassen. 200 Meter vom Centre Pompidou entfernt, liegt das „**Benoit Paris**", wo man den besten Kalbskopf von Paris bekommen kann. Und das „**Aux Lyonnais**" serviert, wie der Name schon sagt, gutbürgerliche Kost aus Lyon, von der Blutwurst bis zur Kalbsleber.

Ich hoffe, ich habe Ihnen genug Appetit gemacht auf die alten und auf die neuen Bistros von Paris. Und auf ein hervorragendes Essen, für das man nicht 200 oder 300 Euro pro Person hinblättern muss. Und wo man trotzdem nachher glücklich sagen kann: Ich hab in Paris grandios gegessen...

~ MEINE TIPPS ~

Frenchie
frenchie-restaurant.com

Frenchie Bar à vins
frenchie-bav.com

Septime
septime-charonne.fr

Clamato
clamato-charonne.fr

Le Chateaubriand
lechateaubriand.net

Le Dauphin
restaurantledauphin.net

Le Comptoir
hotel-paris-relais-saint-germain.com/de/savourez-les-restaurants.html

L'Avant Comptoir de la Terre
hotel-paris-relais-saint-germain.com/de/savourez-les-restaurants.html

L'Avant Comptoir de la Mer
hotel-paris-relais-saint-germain.com/de/savourez-les-restaurants.html

L'Ami Jean
lamijean.fr

Le Bistrot Paul Bert
18 Rue Paul Bert, 75011 Paris
Tel: +33 1 43 72 24 01

Benoit Paris
benoit-paris.com

Aux Lyonnais
auxlyonnais.com

Côte d'Azur

Südfrankreich für Normalos

Die Bistro-Revolution ist auch an der Côte d'Azur angekommen. Von Nizza bis St. Tropez – auch Essen unter 40 Euro kann köstlich sein.

Er ist der Wolfgang Puck von Cannes. Während unser Lieblingskärntner bei den Oscars die Stars und Sternchen bekocht, serviert Bruno Oger seinen 700 Gästen von Steven Spielberg bis Nicole Kidman beim Filmfestival in Cannes das Gala-Menü: Bretonischer Hummer mit Kaviar, Kalbskotelette mit Trüffel, rote Früchte.

Bruno Oger ist einer der Kochstars der Côte d'Azur. Zwei Michelin-Sterne und vier Gault-Millau-Hauben hat seine „**Villa Archange**" von den Kritikern eingeheimst. Aber viel Geld lässt sich mit Gourmet-Küche selbst im noblen Cannes nicht machen. Auch wenn der p. t. Gast für das Menü bis zu 210 Euro hinblättern darf.

Bressehuhn, Schnecken und Ravioli

„Ich habe die Konsequenzen gezogen und umgebaut", sagt der Sternekoch. „Statt 100 Sitzplätzen gibt's im Gourmet-Restaurant nur noch 30. Dafür hab ich mein angeschlossenes Bistro vergrößert – und das läuft vor allem im Sommer fantastisch!" 350 Mal im Jahr ist das sympathische „**Bistrot des Anges**" offen. Versorgt wird es aus der gleichen Küche wie das Sternerestaurant. Oger („Ich kombiniere die Küche meiner Heimat Bretagne mit der Provence") und seine sechs Chefs produzieren für „oben" sieben Gänge „Gourmet Cuisine" mit Austern, Langusten, Steinbutt und Bressehuhn und für „unten" Bistro-Küche vom Feinsten: Erbsensuppe, Schnecken, Ravioli, Kabeljau, Steak Frites.

Da freuen sich die Familien, da werden Geburtstage und Hochzeiten gefeiert, da toben die Kinder, da ist es so richtig gemütlich. „Es stimmt schon, im Gourmet-Restaurant hat es in den letzten Jahren deutliche Rückgänge gegeben", sagt der hochdekorierte Sternekoch etwas traurig. „Nicht nur bei mir, sondern bei allen, die sich auf die Hoch-Gastronomie konzentriert haben. Und das fangen wir mit dem Bistro-Geschäft auf."

Le Girelier

Er lacht wieder: „Aber ehrlich gesagt, es macht Spaß, auch was Lässiges zu haben, das sich jeder leisten kann."

„Ja, wir haben eine Krise hier in Frankreich", sagt auch Stéphane Raimbault, ebenfalls mit zwei Michelin-Sternen für sein Feinschmecker-Restaurant „**L'Oasis**" in La Napoule, ein paar Kilometer westlich von Cannes, ausgestattet. Und er reagiert wie sein Kollege Oger: „Wir mussten uns etwas Neues einfallen lassen, das nicht so teuer, nicht so aufwendig wie ein Gourmet-Lokal ist – ein Bistro eben."

Und so entstand neben dem feudalen „**L'Oasis**" (Spezialität: französische Küche mit Asia-Touch) das „**Bistrot de l'Oasis**" im Erdgeschoß des Hotels Ermitage um die Ecke. Stéphane Raimbault sieht

Les Bacchanales – Gemüse angerichtet auf Kupferplatten von Esty Grossmann

das ganz pragmatisch: „Wir müssen uns anpassen, auch etwas anbieten, das billiger ist, schneller serviert werden kann und das auch weniger Kalorien hat! Das wollen immer mehr Gäste." Wenn die Qualität stimmt, dann funktioniert das Gourmet-Doppel: Während man im feinen Restaurant nicht unter 150 Euro pro Person davonkommt, kostet das Menü im Bistrot, etwa mit Thunfisch-Tatar, einer Bouillabaisse mit Petersfisch und einer Crème brûlée, weniger als 50 Euro. Und es funktioniert: Auch im Zweitlokal muss man jetzt schon tagelang im Voraus reservieren.

Milchkalb, Mispeln und modere Kunst

Aber auch die neuen, modernen Feinschmecker-Restaurants an der Côte d'Azur haben sich dem Bistro-Trend angepasst. Lässig und unprätentiös, ohne Tischtuch und Schnickschnack, dafür aber nur mit marktfrischen Produkten.

Ein Paradebeispiel dafür ist das „**Les Bacchanales**" in Vence, gut erreichbar zwischen Nizza und Cannes. Patron Christophe Dufau serviert nur ein Menü in vier Gängen mit jeweils zwei Wahlmöglichkeiten – derzeit Crevetten oder Spargel, Fisch oder Milchkalb, frischer oder geräucherter Käse, Mispeln oder Erdbeeren. Das Ganze um 55 Euro, die moderne Kunst an den Wänden drinnen und die Terrasse mitten im Kräutergarten draußen inbegriffen. „Ganz ehrlich, bei mir kommt wirklich auf den Tisch, was ich in der Früh auf dem Markt entdeckt habe oder was bei mir im Garten wächst", sagt der sympathische Dufau, der als Einziger der neuen Sterneköche an der Côte tatsächlich auch hier geboren ist – was man seiner Provence-Küche auch deutlich anmerkt. Und noch eine besondere Spezialität des Hauses macht das „Les Bacchanales" zu einem wirklichen Geheimtipp: Nirgendwo an der Côte gibt es so viele neue und spannende Weine aus dem französischen Süden, von Nizza über Saint-Tropez bis hin zu Roussillon. Da gibt es einiges zu entdecken, schließlich haben auch hier die jungen Winzer übernommen und liefern statt mittelprächtiger Spritz-Rosés seit einigen Jahren tolle Weine – traditionell, biodynamisch oder auch als Orange-Wein. Auch im Festspiel-mondänen Cannes ist die Küchenrevolution spürbar. Nicht nur die neuen Bistros, sondern auch die neuen „Restaurants Gastronomique" nehmen auf die Brieftasche von Einheimischen (ja, die gibt's noch!) und Touristen Rücksicht und konzentrieren sich auf eine marktfrische und erschwingliche Küche. Im **„L'Antidote"** serviert Christophe Ferré Spargelrisotto und wilden Steinbutt mit Artischocken, im trendigen **„L'Affable"** bei Jean-Paul Battaglia gibt's die beste Gänseleberterrine der Côte d'Azur und Lammnüsschen mit Thymian.

Black Angus Beef und Tarte Tropezienne

Schwieriger wird's in Saint-Tropez, wo im Sommer Tom Cruise, Jennifer Lopez, Rod Stewart und all die berühmten Fußballer, die viel zu viel Geld verdienen, mit ihren Yachten einlaufen. Sie treiben in den bekannten Strand-Restaurants wie dem **„Club 55"** oder dem **„Nikki Beach"** die Preise hoch und vertreiben die Normal-Touristen. Direkt am Hafenbecken, neben dem berühmten „Café Sénéquier" mit seinen roten Sesseln, findet sich eine löbliche Ausnahme. Das blitzblanke **„Le Girelier"** serviert bis zu Mittag ein Menü um 35 Euro mit Austern, Black Angus Beef und Tarte Tropézienne. Sogar ein Kindermenü um 17 Euro wird hier im Zentrum des sommerlichen Sternchenwahns angeboten. Auch im **„Le Bistro"** am Place des Lices wird man selbst im August nicht ausgeraubt, sondern kommt „toute la famille", also zu viert, mit unter 100 Euro durch.

In Nizza ist die Bistro-Kultur vor allem mit einem Namen verbunden: Armand Crespo hat vor zehn Jahren in der Altstadt mit seinem „**Bistrot d'Antoine**" und mit dem Mini-Restaurant „**Comptoir du Marché**" begonnen. Von Mittag bis Abend drängen sich Einheimische und Touristen und bestellen Salade niçoise, Zucchiniblüten, Risotto, Spanferkel und was es sonst noch marktfrisch gibt. Für alle Freunde von Seafood hat Crespo jetzt ein weiteres Bistro eröffnet, wo der Name Programm ist: Im „**Peixes**" (portugiesisch für „Fisch") gibt es drei Arten von Ceviches, drei Arten Tartar von Fisch und Muscheln und natürlich fangfrische Fische, alles unter 20 Euro.

Wer den alten Zeiten nachtrauert, muss nur ein paar Kilometer weiter östlich nach Menton an die italienische Grenze fahren. Dort residiert oben auf dem Hügel mit Blick aufs Meer das neue Sternekult-Restaurant Frankreichs, das „**Mirazur**", 2019 die Nummer eins auf der Liste der „World's 50 Best Restaurants". Gewiss, es wird dort vom argentinisch-französischen Superchef Maura Colagreco allererste Qualität geboten. Rote Rüben mit Kaviar, wilde Pilze, grandios auf den Punkt gegarter Fisch mit provenzalischem Gemüse, Schoko-Tarte mit Sorbets – alles wunderbar, alles sauteuer (unter 500 Euro für zwei geht nix), aber nicht für mich. Wenn mir ein Kellner bei Tisch drei Algen ans Herz legt, die „heute Morgen für Sie aus dem Meer hier unten gefischt wurden", halte ich das nicht nur für snobistisch, sondern auch für blöd!"

Ehrlich gesagt, da sitz ich lieber auf Plastikstühlen im Bistro-Garten, lass eine Flasche von jungen Provence-Winzern aufmachen und genieße für einen Bruchteil des Gourmet-Wahnsinns Foie gras, Petersfisch und eine Créme brûlée.

Am einfachsten aber haben es diejenigen, die an der schönen Côte d'Azur ein Domizil haben. TV-Regisseur Robert Dornhelm etwa jettet nach Mougins bei Cannes – und kocht selbst. „Ich tu das leidenschaftlich gern, das entspannt mich, und die Gäste sagen, es schmeckt auch." Und wenn Dornhelm & Friends einmal zu faul zum Kochen sind, dann pilgern sie ins Hinterland nach Pégomas ins ländliche „**Bistro Mourachonne**".

Man muss nicht mehr Millionär sein oder das Sparbuch vorher räumen, wenn man in Frankreichs Süden Urlaub machen oder zumindest ein paar schöne Sonnentage verbringen will. Und selbst während des Filmfestivals, des Lions-Events für die Werbebranche, der MIDEM für die Musikleute oder der MIP für die Fernsehmacher ist die Côte d'Azur erschwinglich geworden. Durch die neuen Bistros und Restaurants, wo endlich auch die sonst so selbstbewussten Franzosen zeigen, dass „excellent" nicht gleichbedeutend mit „très cher" sein muss. Bon appétit, übrigens!

~ MEINE TIPPS ~

Cannes

Bistrot des Anges
bruno-oger.com

Bistrot de L'Oasis
oasisetoile-mandelieu.fr

L'Antidote
lantidote-christopheferre.fr

L'Affable
restaurant-laffable.fr

Vence

Les Bacchanales
lesbacchanales.com

Saint-Tropez

Beach Bar 55
club55.fr

Nikki Beach
nikkibeach.com

Le Girelier
legirelier.fr

Le Bistro des Lices
5 Places des Lices,
83900 St. Tropez
Tel: +33 4 94 97 11 33

Nizza

Bistrot d'Antoine
bistrot-antoine.fr

Comptoir du Marché
8 Rue du Marché, 06000 Nice
Tel: + 33 4 93 13 45 01

Peixes
4 Rue de l´Opera, Nizza
+33 493859615

Menton

Mirazur
mirazur.fr

Pegomas

Le Grill de la Mourachonne
legrilldelamourachonne.fr

Mehr Tipps finden Sie im Kapitel „Mittelmeer – Spanien, Frankreich, Italien." S. 83

Mykonos

Die Trauminsel für den Sommer

Das wahre Gourmetleben auf Mykonos spielt sich am Strand ab. Laut und einfacher tagsüber, wenn die sonnengebrutzelten Feinschmecker von der Liege zum Beach-Lunch kommen. Deutlich feiner und qualitativ hochwertiger am Abend, wenn die Badegäste und Strandläufer sich ins abendliche Nachtleben der engen Gassen der Hauptstadt Chora begeben haben.

Nummer eins der Strandrestaurants ist das „**Spilia**" am Agia Anna Beach. „Spilia" bedeutet eigentlich Höhle, und so ist es auch angelegt – zwischen Terrassen und kleinen Caves auf verschiedenen Ebenen. Und von überall hat man einen wunderbaren Ausblick aufs Meer, romantischer geht's nicht mehr. Aber die Romantik hat ihren Preis, was übrigens für ganz Mykonos zutrifft. Seit die Insel zum „hippsten Platz im Mittelmeer" avanciert und die Mehrwertsteuer drastisch erhöht worden ist, lässt es sich auf Mykonos zwar gut Urlaub machen, aber das kostet auch entsprechend.

So können im „**Spilia**" die Lobster-Spaghetti 50 Euro und ein im Ganzen gebratener Fisch für zwei Personen locker 100 Euro kosten. Selbst die Weine, die zu einem Gutteil aus der Gegend (Santorin!) kommen, reißen ein Loch in die Geldbörse, weil die Inselgastronomen den Einkaufspreis durchaus einmal verzehnfachen. Nach dem Tenor, von irgendwas müssen wir ja leben und die Schulden zurückzahlen. Ergebnis: Ein durchaus ordentlicher, aber einfacher Wein steht dann mit 80 Euro auf der Karte.

Aber zurück an den Strand. Etwas erfreulicher, was die Preise betrifft, wird im „**Scorpios**" am Paraga Beach im Südwesten kalkuliert. Benannt nach der Privatinsel von Onassis, der gemeinsam mit Jackie Kennedy Mykonos auf die Landkarte der Schönen und Reichen gesetzt hat. Im „**Scorpios**" werden hervorragende Mezze, griechische Vorspeisen von Hummus bis Tsatsiki, frischeste Ceviche vom Fang des Morgens, Filet vom Wolfsbarsch oder vom Tuna sowie Steaks aller Art vom offenen Grill angeboten.

Wer es auch am Abend am Strand lauter haben will, der bucht entweder bei „**Jacky O'**" (wieder so eine Erinnerung an die

zweite Onassis- und erste Präsidenten-Frau) direkt am berühmten Paradise Beach oder im meist überfüllten „**Nammos**“ am benachbarten Psarou Beach. Eine Art griechische Ausgabe des „Club 55“ in Saint-Tropez – nur mit dem Unterschied, dass der griechische Club auch am Abend offen ist. Denn da geht im „**Nammos**“ die Dinner-Party erst los. Einmal hat eine Gruppe steinreicher Libanesen – das ging durch die internationale Presse – eine Rechnung von 59.000 Euro produziert, wobei der Schwerpunkt beim Trinken gelegen sein dürfte ...

Kikis Landwein verkürzt die Wartezeit

Noch zwei sachdienliche Hinweise für alle, die auch nach einer einfacheren, aber trotzdem guten Adresse suchen. „**Kiki`s Tavern**“, eine kleine rustikale Taverne oberhalb vom Agios Sostis Beach, ist legendär auf Mykonos. Eigentümer Kiki nimmt keine Reservierungen an, da muss man anstehen, und eine Wartezeit von bis zu 1,5 Stunden kann im Hochsommer leicht passieren. Für die Wartenden schenkt Kiki dann Landwein aus. „Ausnahmen mache ich nicht, so prominent können die gar nicht sein!“ Das musste auch Kim Kardashian einsehen. Dafür gibt's nachher Riesenportionen griechischen Salat, ein halbes Hendl, einen Lammbraten oder einen im Ganzen gegrillten Fisch. Ein Erlebnis ist das Ganze allemal.

Ein bisschen zivilisierter, aber trotzdem urig geht es im Südosten zu. Gegenüber vom Strand von Kalafatis hat Petrino Aquarius

Kiki`s Tavern – Gourmet-Taverne am Strand

seine gleichnamige Taverne. Ehrlich: Der Fisch, die Calamari, die Gambas sind genauso gut wie in den Beach-Restaurants, aber sie kosten nur die Hälfte – und die freundliche Bedienung im „**Petrino Aquarius**" macht mehr gute Stimmung als in den hochpreisigen Refugien.

Das „Nobu" heißt hier „Matsuhisa"

Während gastronomisch an den Stränden von Mykonos Freude aufkommt, gibt's im Gourmet-Bereich noch immer deutlichen Nachholbedarf. Zwar haben sich seit einiger Zeit „**Nobu**" und „**Hakkasan**" auch auf der griechischen Insel angesiedelt, doch sollten qualitäts- und preisbewusste Urlauber einen großen Bogen darum machen. Vor allem die Küche im „**Matsuhisa**" (Nobu darf es offiziell nicht heißen) ist vom sommerlichen Andrang überfordert – und fast 500 Euro für zwei Personen ist wohl etwas übertrieben.

In Chora, der sympathischen Hauptstadt mit den vielen engen Gässchen und den unzähligen Restaurants, gilt es, die Touristenfallen zu vermeiden. Daher drei Tipps für die Feinschmecker im Wirtshaustrubel: Romantisch und stylish präsentiert sich das „**Interni**" mit wunderschönem Innenhof, der von Designerin Paola Navone durchgehend weiß gestaltet wurde. Die Küche ist griechisch-asiatisch, ideal für einen schönen Abend zu zweit. Das „**M-eating**" kommt einem Gourmetlokal am nächsten, griechische Spezialitäten werden dekonstruiert, neue überraschende

Kombinationen stehen auf der Speisekarte. Das Lamm sous-vide mit Melanzanipüree, die Hühnerbrust gefüllt mit getrockneten Tomaten und das Fischfilet in einer griechischen Savory-Sauce mit 18 verschiedenen Ingredienzen. Und der beste Fisch der Hauptstadt kommt im „**Koursaros**" in Little Venice in der Nähe des alten Hafens auf den Tisch. Dort werden die garantiert frischesten Ceviches, Tatakis von allem, was im Meer schwimmt, sowie gemischte Fischplatten jeder Art serviert. Wer Meeresküche liebt, ist im „**Koursaros**" prächtig aufgehoben.

Fischrogen-Creme und weißer Assyrtiko

Zu guter Letzt aber auch noch ein Hinweis für Familien, die es einerseits gemütlich und andererseits auch preiswert haben wollen. Zwischen den berühmten Windmühlen und dem Hafen hat sich seit kurzem ein Ableger der „**Nice n Easy**"-Familie aus Athen angesiedelt. Garantierte Bioqualität und die schönste Terrasse am Meer laden mit gemütlichen Sitznischen ein. Die Kinder können ein bisschen herumlaufen und das Essen ist erstklassig, ob es jetzt die Fischrogen-Creme oder die gebratenen Calamari sind, der selbst ausgewählte Fisch vom Kühlwagen oder Pasta für die Kleinen. Alles erschwinglich, auch der weiße Assyrtiko aus Santorin oder der rote Syrah aus Makedonien.

Womit wieder einmal bewiesen ist: Auch in den teuersten Ecken der Welt gibt es richtig gute Küche für gar nicht so viel Geld.

~ MEINE TIPPS ~

Spilia
spiliarestaurant.gr

Scorpios
scorpiosmykonos.com

Jacky O'
jackieomykonos.com

Nammos
nammos.gr

Kiki's Tavern
Strand von Agios Sostis

Petrino Aquarius
facebook.com/Petrino-aquarius-snack-bar

Hakkasan
hakkasan.com

Matsuhisa Mykonos
belvederehotel.com

Interni
interni-restaurant.gr

M-eating
m-eating.gr

Koursaros
koursarosmykonos.gr

Nice n Easy
niceneasy.gr

London
Ein Königreich für Gourmets

Der schlechte Ruf der englischen Küche hält sich hartnäckig. Dabei ist London längst der globale kulinarische Hotspot. Mit einer neuen Fish-'n'-Chips-Kultur.

200 Jahre ist es her, da tagte der Wiener Kongress, ein paar Jahre lang sogar. Und jede Delegation der damals großen europäischen Mächte lud abwechselnd zur großen Dinnerparty. So schildert es ein französischer Hofschreiber. Eine dieser Dinner-Invitations war gefürchtet, die der Engländer. Denn der Koch, den der ehrenwerte Duke of Wellington mitgebracht hatte, genoss einen entsetzlichen Ruf. Schwer, fett, manchmal ungenießbar, so wurden seine Gerichte beschrieben.

Seit damals hält sich der schlechte Ruf der britischen Küche – obwohl er schon lange nicht mehr gerechtfertigt ist. Heston Blumenthal, Jamie Oliver, Marco Pierre White, Gordon Ramsay, sie alle haben in der Zwischenzeit den ramponierten Ruf der englischen Küche repariert und dieser zu neuem Ruhm verholfen.

Besonders Heston Blumenthal, ein liebenswerter, manchmal etwas schrulliger Küchenchef aus Bray bei London. Er war der Erste, der zu Hause drei Michelin-Sterne holte und dann in seinem neuen Restaurant „**Dinner by Heston Blumenthal**" im Mandarin Oriental gegenüber von Harrods alt-englische Rezepte ausgegraben hat und neu in Szene gesetzt hat. „Rice & Flesh" (ein Kalbsschwanz in Rotwein und Safran) stammt angeblich aus dem Jahr 1390, der „Roast Halibut & Green Sauce" (Heilbutt mit Chicorée, Petersilie und Eukalyptus) aus 1440 und die „Spiced Pigeon" (Taube mit Ale und Artischocken) aus 1780. Egal, ob's stimmt oder gut erzählt ist – es schmeckt.

Lammhirn, Kalbsleber und Schweinebäckchen

Der „Urknall" der neuen englischen Küche ist allerdings im „**St. John**" in Smithfield passiert. Dort wurde das „Nose to Tail"-Konzept erfunden, also alles an den Tisch zu bringen, was von Schwein, Rind und Co zu verwerten ist. In der Zwischenzeit gibt es schon drei „**St. John**"-Lokale – mit Lammhirn, Kalbsleber,

Schweinebäckchen und ganzen Kaninchen. Aber keine Angst, weniger Wagemutige können sich auch für geräucherte Scholle oder Schweinerippchen mit Erbsenpüree entscheiden.

Zum besten Lokal Londons gewählt worden ist mein Lieblingslokal, das „**Pollen Street Social**“ um die Ecke von der Regent Street. Das Konzept heißt „urbane Lässigkeit“ und auf der Karte stehen nur Produkte aus einem Umkreis von maximal 300 Meilen, wie auf der Speisekarte ausdrücklich vermerkt wird. Die Butter kommt aus 66 Meilen Entfernung, die Krabben aus 217 Meilen und das Beef aus 269 Meilen. Na bitte, das nenn ich Genauigkeit.

Der neue Shootingstar in London ist allerdings Clare Smyth, eine Irin, die bei Gordon Ramsay gelernt hat und jetzt, als knapp 40-Jährige, ihr „**Core by Clare Smyth**“ im Londoner In-Viertel Notting Hill betreibt. Drei Michelin-Sterne hat sie schon bekommen und von „World's 50 Best“ ist sie als weltbeste Köchin ausgezeichnet worden. Auch sie holt ihre Ingredienzien ausschließlich aus der Gegend. Für all das TamTam, das um sie gemacht wird, ist sie preislich auf dem Boden geblieben. Ein dreigängiges Lunch-Menü um 80 Euro ist für drei Sterne eigentlich wohlfeil: Dafür gibt's zum Beispiel Tatar von der Jakobsmuschel in einer Gemüsesuppe, Lamm und Hammel mit Bohnenkraut und Kardamom sowie als Dessert ein Limonaden-Parfait mit Honig und Joghurt.

Aber nicht nur ganz oben, sondern auch weiter unten, gutbürgerlich, hat es eine Küchenrevolution gegeben. Wer sich wie unsereins während des Englischstudiums von Pub-Food ernähren musste, weiß ein Lied vom einfachen englischen Wirtshausessen zu singen. Bangers and Mash (Grillwurst mit Püree), Yorkshire Pudding (überbackenes Faschiertes) und Shepherd's Pie (Lamm mit Gemüse, auch überbacken) liegen mir noch heute im Magen. Zwischenzeitlich haben sich aber auch schon die Gastro-Pubs breitgemacht – Wirtshäuser, in denen man „erleichterte“ englische Küche sogar

The Juggeds Hare – Pasteten Variation

genießen kann. An der Spitze das „**Anchor and Hope**“ südlich der Themse, Mutter aller Gastro-Pubs, und das „**Jugged Hare**“ in der City. Um 20 Euro pro Person ist man dabei und da ist ein Pint Beer (ja, das englische ohne Kohlensäure) schon inbegriffen.
Wer nach London pilgert, muss auch die asiatische Küche probieren, die in der Themse-Stadt zahlreicher und besser als überall anders in Europa angesiedelt ist. Vergessen Sie die beiden „**Nobus**“ und die beiden „**Hakkasans**“. Das ist heute Systemküche, die Sie rund um den Erdball konsumieren können. Aufregender ist da das „**Dinings**“ vom ehemaligen „Nobu“-Chef Tomonari Chiba. Asiatische Küche neu interpretiert, zum halben „Nobu“-Preis. Oder das „**Yauatcha**“ in Soho, moderne China-Küche von Dim Sum bis Sticky Rice und Pekingente. Für eine Businesseinladung ist das „**Yauatcha**“ allerdings nur bedingt geeignet. Die niedrigen Plastikstühlchen haben eher die Aufgabe, die Gäste nicht allzu lange zum Verweilen anzuregen. Wer seine Geschäftspartner wirklich beeindrucken will, der muss eine Reservierung im „**Sushi Tetsu**“ ergattern. Dort gibt's nur sieben Sitze und Toru Takahashi serviert unbestritten das beste Sushi von London.
Indisch ist aufgrund der vielen Zuwanderer natürlich die zweite „Hauptküche“ Londons. Fast in allen kleinen Lokalen kann man „gefahrlos“ um ein paar Pfund lunchen. Aber einmal Abendessen in einem der Nobelinder zahlt sich wirklich aus – vor allem das „**Quilon**“ wurde mir von meinem indischen Freund Sahil empfohlen und hat den Michelin-Stern mehr als verdient.

Die besten Fish 'n' Chips von „Kingfisher“

Aber was wäre London ohne die berühmten Fish'n'Chips? Eingeweihte bejammern, dass dieses typischste aller englischen Gerichte heute kaum mehr in guter Qualität angeboten wird – zu fett, zu salzig und nicht in die „Times“ eingewickelt. Diese Leute haben nicht unrecht, aber in den letzten Jahren hat sich eine Kultur entwickelt, Gourmet-Fish'n'Chips sozusagen. Ich halte mich da gerne an die Bestenliste des „Evening Standard". Mit dem **„Kerbisher & Malt"** haben zwei junge Engländer vor sieben Jahren „Fish'n'Chips für das 21. Jahrhundert" kreiert. Auf 30 Quadratmetern wurden fünf verschiedene Fischsorten vom Kabeljau bis zur Scholle angeboten, dazu natürlich selbst gemachte knusprige Chips mit Sauce Tartare. Der Erfolg war durchschlagend – von Bernie Ecclestone bis zu Boris Johnson kamen alle und heute verfügt das **„Kerbisher"** schon über vier Niederlassungen in London.

Für City und Soho empfiehlt sich die **„Golden Union Fish Bar"**. Dort werden zur Beruhigung der umweltbewegten Gemüter nur Fische aus nachhaltigem Fang frittiert. Wer allerdings die landesweit allerbesten Fish'n'Chips verkosten will, muss fünf Stunden Anreise in Kauf nehmen. Mit dem wunderbaren Titel „National Fish'n'Chip Award Winner" wurde nämlich das **„Kingfisher"** in Plymouth an der Südküste Englands ausgezeichnet.

Ist ja schön, dass trotz Brexit wenigstens eine Industrie in Britannien blüht – und sicher auch nach dem Austritt Gäste anziehen wird. Sozusagen Banken raus und Gourmetküchen rein. Gar kein so schlechter Trend.

~ MEINE TIPPS ~

Fine Dining

Dinner by Heston Blumenthal
dinnerbyheston.co.uk

St. John
stjohnrestaurant.com

Pollen Street Social
pollenstreetsocial.com

Core by Clare Smyth
corebyclaresmyth.com

Gastro-Pubs

Anchor and Hope
anchorandhopepub.co.uk

The Jugged Hare
thejuggedhare.com

Asiatisch

Dinings
dinings.co.uk

Yauatcha
yauatcha.com

Sushi Tetsu
sushitetsu.co.uk

Quilon
quilon.co.uk

Fish 'n' Chips

Kerbisher & Malt
kerbisher.co.uk

Golden Union Fish Bar
goldenunion.co.uk

Kingfisher
kingfisherfishandchips.co.uk

Venedig

Kunst und Küche in der Lagune

Venedig ist nicht nur während der Biennale eine Reise wert. Hier finden Sie die besten Lokale abseits der touristischen Trampelpfade – von ganz klassisch bis hin zur Nuova Cucina Veneziana.

Die Qual der Kaffeehauswahl hat auch immer eine ideologische Komponente. Nicht nur in Wien, sondern erst recht in Venedig. Vom Dom gesehen links auf dem Markusplatz ist das „**Florian**", rechts das „**Quadri**". Die Qual der Wahl.

„Als Künstler kannst du nur im ‚Florian' sitzen", wurde ich schon vor Jahren von einem österreichischen Experten aufgeklärt. ‚Historisch war das ‚**Quadri**' nämlich für die Aristokraten und das ‚**Florian**' fürs Volk. Und wir sind das Volk!"

Deshalb sitzen wir, die Kunsttouristen, alle zwei Jahre, wenn die Biennale ihre Pforten öffnet, links vom Dom. Wie sich's gehört, und wie immer schon. Ob es der österreichische Biennale-Künstler Fritz Wotruba war. Oder Valie Export. Oder Wolf Prix. Oder Christian Ludwig Attersee. Und auch Erwin Wurm sitzt im „**Florian**", wo man sich über einen absurden Preis für den kleinen Espresso und den Musikzuschlag von 5,80 Euro für die Kapelle ärgert, die zum dritten Mal in einer Stunde „Donau so blau" intoniert.

Ja, Venedig, das hat viel mit Tradition zu tun. 600 Lokalitäten sind in der Lagunenstadt verzeichnet. 500 davon kann man vergessen, dort schmeckt's nicht einmal den wenig verwöhnten Touristenmassen. Wo man in Venedig wirklich gut isst, darüber lässt sich's für kulinarisch Interessierte trefflich streiten. Jede Auswahl ist daher rein subjektiv, auch in meinem Buch.

„Misto Crudo", eine Art venezianisches Sushi

Beginnen wir klassisch: Das „**Corte Sconta**" ist ein Biennale-Liebling. Ich habe noch keine Biennale erlebt, wo österreichische

Kunstbeflissene und auch die Künstler selbst nicht diese sympathische Trentiner Trattoria auf halbem Weg zwischen Markusplatz und den Giardini bevölkert hätten. Eine wunderbare Vorspeisenplatte, auf der alles von der Seespinne bis zum Tintenfisch seinen Platz hat, Spaghetti Vongole und dann ein ordentlicher Fisch mit Polenta oder eine Fischplatte für den ganzen Tisch – so lässt sich ein anstrengender Biennale-Tag hervorragend beschließen. Ehrlich gesagt, hier bin ich am liebsten.

Wir bleiben subjektiv: Das Lieblingslokal von Maler Christian Ludwig Attersee, der 1984 bei der Biennale vertreten war, ist ein weiterer Klassiker. Das „**Da Fiore**" in San Polo steht für bestes Seafood – vom „misto crudo" (roh marinierter Fisch, eine Art venezianisches Sushi) bis zum Kalamar mit Radicchio und dem wilden Aal aus der Lagune ist alles im Angebot.

In den letzten Jahren hat sich dankenswerterweise auch so etwas wie eine Nuova Cucina Veneziana etabliert – leichter, gewagtere Kombinationen und weit weg von der (auch von mir) so geschätzten Trattoria-Gemütlichkeit. Da entwickelt sich ein neues kulinarisches Venedig. Gleich hinter dem Markusdom hat sich das „**Il Ridotto**" angesiedelt. Gerade zwölf Tische in einem hellen, modernen Ambiente mit ebenso moderner Gourmetküche hat Patron Gianni zu bieten. Das große Fisch-Menü kostet zwar 85 Euro, dafür gibt es Spaghetti Nero mit Seeigel, Kabeljau mit geräucherten Linsen und Lobster mit Erdbeeren und Himbeeren.

Ähnlich verspielt arbeitet Chef Danilo Baldan in der „**Osteria di Santa Marina**“ im Castello-Bezirk. Statt des Klassikers „Sarde in saòr“ mariniert er die Scampi süß-sauer, die Ravioli sind mit Muscheln gefüllt und der Kabeljau kommt als Torte. Kunstvolle Küche als Abschluss der größten Kunstschau Europas – passend.

Aber was wäre Venedig ohne die Bacaros, die kleinen Weinbars, wo man auch mehr oder weniger anspruchsvolle Kleinstgerichte, die sogenannten „Cicheti“ für den kleinen Hunger zwischendurch, bekommt. Gemeinsam natürlich mit einem Ombra, einem Glas Weißwein aus Venezien oder aus dem Friaul. Doch die Spreu vom Weizen zu trennen, nämlich ordentliche von den Touristenfallen, ist gar nicht so leicht.

Das älteste und noch immer originellste Bacaro ist am Obstmarkt hinter der Rialtobrücke zu finden. Das „**Do Mori**“ gibt's angeblich seit 500 Jahren – und sogar Commissario Brunetti, die Romanfigur von Donna Leon, schaut ab und zu dort vorbei und kostet einen von mehr als 100 exzellenten Weinen.

Nicht weit davon befindet sich das „**Bancogiro**“, wo man Geld nicht abheben, sondern hinlegen muss – für moderne Cicheti mit gefüllten Sardinen oder Tuna-Kaviar. Die besten originalen „Sarde saòr“

Cantina Do Mori

findet man im „**All'Arco**" und die meisten Gondolieres trifft man im „**Alla Rivetta**". Da dampfen zu Mittag die frischen Seespinnen, da duften die frittierten Tintenfische und wer ein paar kleine Tellerchen ordentlich aufgegessen hat, bekommt vom Bar-Chef noch einen Grappa aufs Haus. Vorsicht, der brennt ganz schön.

Letzte Bemerkung: Natürlich schaut der p. t. Besucher auch in der berühmten „**Harry's Bar**" vorbei. Die Bar ist wahrscheinlich die bekannteste der Welt, und schließlich gehört das Haus am Canal Grande auch einem österreichischen Landsmann, dem Unternehmer Kahane. Dort isst man nix (nicht wirklich gut, dafür wahnsinnig teuer), dort trinkt man nur einen Bellini um wohlfeile 16,50 Euro. Und wenn Ihnen das zu teuer ist, dann rühren Sie es doch zu Hause selber an. Pfirsichpüree, einen Spritzer Zitronensaft und etwas Zuckersirup mit Prosecco aufgießen. Salute!

~ MEINE TIPPS ~

Restaurants/Trattorien

Corte Sconta
cortescontavenezia.com

Da Fiore
dafiore.net

Il Ridotto
ilridotto.com

Osteria di Santa Marina
osteriadisantamarina.com

Osteria Alle Testiere
osterialletestiere.it

Hosteria Da Franz
hostariadafranz.com

Antiche Carampane
antichecarampane.com

Ristorante Riviera
ristoranteriviera.it

Wein-Bars

Cantina Do Mori
San Polo 429, Venedig
Tel: +39 041 522 5401

Bancogiro
osteriabancogiro.it

Osteria All'Arco
Sestiere San Polo 436,
30125 Venedig
Tel: +39 041 520 5666

Trattoria Alla Rivetta
Castello 4625,
Ponte San Provolo,
4625 Venedig
Tel: +39 041 528 7302

Harry's Bar
cipriani.com

Piemont

Unterwegs mit dem Trüffelhund

Spätherbst im Piemont, das ist ein fixer Bestandteil meines kulinarischen Jahresrituals. Rund um das Städtchen Alba befindet sich das Trüffel-Eldorado.

Es ist schon ein Weilchen her, dass mein Wecker in Albaretto della Torre um vier Uhr früh geläutet hat. Eine halbe Stunde später war ich mit Cesare und seinem Hund Giorgio unterwegs. Trüffel suchen. Giorgio schnupperte elendslang auf dem feuchten Waldboden herum, der Morgen dämmerte schon, als er endlich fündig wurde. Cesare legte mit dem kleinen Trüffelspaten die feuchte Erde frei – und tatsächlich, drunter hatten sich zwei graue Knollen versteckt. Klein, aber fein, „mein" erster Trüffelfund.

Zugegeben, dieser Mühe habe ich mich seither nicht mehr unterzogen und lieber dankbar zu christlichen Zeiten die duftenden gehobelten Trüffel auf Eierspeise, Nudeln und sogar zum Zicklein genossen.

Waren es damals nur ein paar Fahrzeuge mit österreichischen und deutschen Kennzeichen, die die kleinen Straßen südlich und östlich von Alba durchstreiften, ist das Piemont heutzutage ein Trüffeleldorado mit Verkehr wie auf der Autobahn geworden.

„Ich glaube, heuer gibt's wieder ein gutes Trüffeljahr!", wagt Trüffelpapst Ralf Bos, der für seinen Delikatessenhandel mehr Knollen in den deutschsprachigen Raum importiert als jeder andere, alljährlich eine optimistische Prognose. „Bei 3000 Euro pro Kilo und drüber wird sich der Preis wohl einpendeln." Umgerechnet auf den Restaurantteller wird unsereins wohl zwischen vier und fünf Euro pro Gramm zahlen müssen. Ja, billig kommt der Trüffelspaß nicht.

Zarte Taube mit schwarzem Knoblauch

Warum trotzdem so viele im Oktober, November, Dezember im Piemont ausschwärmen, hat nicht nur mit der Trüffelsaison zu tun. Nirgendwo ist die Symbiose zwischen gutem Essen und gutem Trinken so perfekt wie rund um Alba. Grandiose Restaurants und Trattorien, wo man noch wie bei Mamma essen kann, rundherum die Weingärten von Barolo und Barbaresco. Gourmetherz, was willst du mehr?

Wer es besonders gut (und besonders teuer) haben will, der pilgert zu Enrico Crippa ins Ristorante „**Piazza Duomo**“ nach Alba. Anfangs von seinen Pasta-Kollegen belächelt, hat er heute Platz 16 der „World's 50 Best“-Liste und drei Michelin-Sterne erobert. Mit einer verfeinerten piemontesischen Küche, leichter, mit viel Gemüse und Kräutern. Zum Beispiel beim „Insalata 21 ... 31 ... 41 ... 51 ...“ – da seien wirklich 51 verschiedene Salate und Kräuter drinnen, beteuert Enrico, als wir nach vollzogener Tafelfreude plaudern. „Die meisten züchte ich selbst in meinem eigenen Garten.“

Ich schwärme noch von seiner dekonstruierten Carbonara (die Nudeln und die fast rohen Scampi säuberlich getrennt, nur mit einem Hauch von Käsesauce), dem Tintenfisch (mit Kartoffeln, jungen Erbsen und ein paar Blättern Mangold) und dem Lamm (fast roh, mit Kamille). Und Enrico erzählt mir, dass er die Trüffelzeit nicht besonders schätzt: „Da kommen die Gäste alle wegen der Trüffel und nicht wegen des Essens.“

Wer fein tafeln will, hat im Piemont einige Optionen. Das „**La Ciau del Tornavento**“ in Treiso mit einem wunderschönen Blick über die nebeligen Hügel der Langhe. Das „**La Rei**“ im Boscareto Resort (mit Spa, traumhaft zum Wohnen). Bei Davide Palluda von der „**All'Enoteca**“ in Canale (wunderbare Morcheln mit Trüffel) oder bei Damiano Nigro in der „**Villa D'Amelia**“ (die zarte Taube mit schwarzem Knoblauch ist ein Gedicht).

Gefüllte Zwiebel, Trüffelrisotto, Zicklein

Aber auch ohne Tischtuch und sonstiges Chichi (laut Wikipedia „unnötiges, verspieltes Zubehör“) kann man rund um Alba göttlich genießen. Und so kommen wir zurück zu „**Cesare**“, meinem lieben Freund, mit dem ich Trüffel suchen war. Jetzt schon ein sehr alter Herr, bekocht er wieder sein altes Wirtshaus in Albaretto della Torre. An guten Tagen ist er einfach Weltklasse mit seinen gefüllten Zwiebeln, dem Trüffelrisotto und dem Zicklein. Aber wenn er grantig ist, dann garantiere ich für nix.

Auf Trüffelsuche in aller Herrgottsfrüh

Eine sichere Bank dagegen ist ein paar hundert Meter weiter sein Sohn Filippo, der sich auf einen Bauernhof zurückgezogen hat und dort mit seiner Frau für nur ein Dutzend Leute abends verlässlich aufkocht. Fünf Gänge um 35 Euro, da kann man nicht meckern. Übrigens: Filippo hat sein Handwerk auch bei Reinhard Gerer im legendären „Korso", Gott hab es selig, gelernt.

Niemand verfügt über so viel Piemont-Erfahrung wie Willi Klinger, Chef des Österreich-Wein-Marketings und zuvor jahrelang für den Vorzeigewinzer Angelo Gaja tätig. „In den letzten Jahren haben sich so viele neue kleine Hotels, Pensionen und vor allem Trattorien etabliert, dass es eine Freude ist!", erklärt er. Und daher habe ich die nachfolgende Wirtshausliste auch mit ihm gemeinsam erstellt, zusätzliche Kompetenz kann ja nicht schaden.

Beginnen wir in Monforte d'Alba, mitten im Barolo. Alt und neu – im Ort die alteingesessene „**Trattoria della Posta**", wo man den Trüffel noch zu Marktpreisen bekommt, und das „**Repubblica di Perno**" in den Weinbergen, mit einer modernen, fettreduzierten Piemont-Küche für Feinschmecker. Ähnlich die zwei Paare, die die „**Osteria Veglio**" in einem geschmackvoll renovierten Winzerhaus bei La Morra eröffnet haben. Nix Rustikales gibt es da, aber klassische Ravioli und Risotti – und, eine Seltenheit in der Gegend, hervorragenden Fisch und Meeresfrüchte.

Nicht unweit, in Serralunga, macht eine Trattoria in Frauenhand viel Spaß. In der „**Cascina Schiavenza**" kocht die Mutter und die Töchter servieren – mindestens zehn verschiedene Arten Pasta stehen zur Auswahl, eine besser als die andere, alle natürlich hausgemacht. Auch in der „**Trattoria La Coccinella**" in Serravalle steht die Pasta im Mittelpunkt. Dort gibt's die wahrscheinlich besten Tajarin, die typisch piemontesischen Eiernudeln (bis zu 40 Eier pro Kilo!), über die dann ordentlich Trüffel gehobelt wird.

Das „**Campamac**" in Barbaresco ist natürlich das Lieblingslokal von Piemont-Kenner Klinger. Schließlich hat der Schwiegersohn von Angelo Gaja diese Herzeig-Trattoria neuen Stils in Barbaresco aufgemacht. Mit einer Reifekammer für das berühmte Fassone-Rindfleisch, mit einem sensationellen Weinkeller – Piemonteser Gastronomie der Moderne eben.

Und nicht zu vergessen: Die berühmten Barolos und Barbarescos gibt es überall zu moderaten Preisen, von denen man zu Hause nur träumen kann. Aber genug des Schwärmens, auf zum Genießen. Wenn Sie sich das Piemont gönnen wollen, dann bitte ehebaldigst planen und reservieren. Damit Sie nicht vor der Trattoria-Türe stehen und „tutto completo" hören müssen. Das wäre doch ewig schade.

~ MEINE TIPPS ~

Restaurants

Piazza Duomo
piazzaduomoalba.it

La Ciau del Tornavento
laciaudeltornavento.it

La Rei
ilboscaretoresort.it

All'Enoteca
davidepalluda.it

Villa D'Amelia
villadamelia.com

Trattorien

Cesare
ristorantecesaregiaccone.it

Filippo
filippogiaccone.com

Trattoria della Posta
trattoriadellaposta.it

Repubblica di Perno
repubblicadiperno.it

Osteria Veglio
osteriaveglio.it

Cascina Schiavenza
schiavenza.com

Coccinella
trattoriacoccinella.com

Campamac
campamac.com

Zagreb, Dubrovnik

Zwei Schönheiten locken Gourmets an

Die kroatische Hauptstadt Zagreb liegt zwar nicht am Meer, ist aber trotzdem immer eine Reise wert. Die Küstenstadt Dubrovnik, 600 Kilometer weiter südlich, sowieso.

Klar, die meisten Kroatien-Touristen bevorzugen Istrien oder die dalmatinische Küste. Deshalb haben sie Zagreb oft gar nicht auf ihrem Radar. Was schade ist, denn die Hauptstadt mit ihrer ruhig-beschaulichen, mittelalterlichen Oberstadt und der hektisch-geschäftigen mitteleuropäischen Unterstadt hat essenstechnisch stark aufgeholt.

Den Gastronomen Christian Cabalier aus Kärnten hat die Liebe nach Zagreb verschlagen. Dort eröffnete er eines der besten Lokale Kroatiens. „Nirgendwo am Mittelmeer gibt es so guten Fisch wie in Kroatien!", schwärmt er. Und er hat recht: Hier gibt es wunderbare Scampi aus der Kvarner-Bucht, nachhaltig gefangene Thunfische in einer Qualität, die in Japan ein Vermögen wert wäre, Petersfische, die tatsächlich aus dem Mittelmeer sind und nicht wie sonst üblich aus Marokko importiert wurden (die „kroatischen" erkennt man übrigens daran, dass ihre Kiemen purpurrot und nicht braun sind). Nach Kroatien kommt man eben nicht nur zum Baden, sondern auch wegen der einmaligen Fischküche.

Gnocchi mit Oktopus, Jakobsmuscheln mit Minze

Mittlerweile ist die Liebe erloschen und Cabalier wieder zurück in seiner Kärntner Heimat. In Klagenfurt hat er die „**Kochwerkstatt**" am Markt eröffnet – zur Freude der Einheimischen und der Wörthersee-Touristen. Sein Zagreber Bistro „**Apetit City**" führt seine kroatische Ex-Frau, es ist nach wie vor einer der Hotspots der Zagreber Innenstadt. Sein Sommelier und sein Souschef dagegen haben sich vor einem halben Jahr selbstständig gemacht und das „**Noel**" eröffnet – vom Start weg die Nummer eins in Zagreb. Menü und Weinbegleitung sind ganz im Sinne des Kärntner

Lehrmeisters: Gnocchi mit Oktopus, Jakobsmuscheln mit Minze, für Fischliebhaber Steinbutt und Petersfisch, für Fleischfreunde das schwarze slawonische Schwein oder dalmatinisches Rind. Vier Gänge mit Weinbegleitung um 110 Euro, nicht billig, aber gut. Und fürs große Business-Dinner empfiehlt sich „**Noels**" Chef's Table mit Blick auf die Küche – aber bitte rechtzeitig reservieren!

Die Nummer zwei in Zagreb ist das „**Dubravkin Put**" am Rande der Stadt mit einem wunderschönen Gastgarten. Es hat eine bewegte Vergangenheit. Gleich nach dem Zusammenbruch Jugoslawiens eine Top-Adresse, dann jahrelang heruntergewirtschaftet, jetzt komplett renoviert und modernisiert. Und das Wichtigste: Die neue Köchin Priska Thuring hat die Menükarte entrümpelt, Fisch und Fleisch gibt es jetzt leicht und originell zubereitet – vom Tuna mit Senf, Honig und Dille bis zum Kalbsbraten mit getrockneten Tomaten und Pinienkernen.

Noch zwei Tipps fürs Business-Dinner im Herzen von Zagreb: das „**Vinodol**" in einem gediegenen Gewölbekeller mit kroatischen Spezialitäten von der istrischen Minestrone mit Schweinefleisch und Schafkäse bis zum Zagreb-Steak, eine Art Cordon bleu mit einer Fülle aus Schinken, Käse und Kartoffeln. Weil wir gerade beim Steak sind: Die besten gibt's bei „**Mano**", wo sich kroatische Geschäftsleute zum Power Lunch treffen.

Wer aber wirklich kroatische Wirtshausatmosphäre genießen will, der muss etwas aus der Stadt rausfahren. Auf der anderen Seite der Save liegt die „**Konoba Ponistra**", ein unscheinbares Wirtshaus mit der besten Fischsuppe der Stadt. Chef Krešimir lässt die Sardinen stundenlang im Sud köcheln, bevor er daraus seine Riblja juha (bitte auf Kroatisch bestellen, Englisch ist hier Fremdsprache) fertigstellt. Und anschließend einen ganzen Fisch vom Wagen aussuchen, der wird gegrillt und mit Kartoffeln und Mangold serviert. Ähnlich im Verborgenen blüht das „**Korkyra**" am Rande der Innenstadt. Ein wackeliges Namensschild über der Tür, drinnen gemütliche Wirtshausatmosphäre und den frischen Fisch vom Markt nebenan.

Der Geheimtipp zum Schluss: Wirklich „typisch kroatisch" isst man im kleinen Restaurant „**Tac**" auf dem Vrhovec-Hügel im Norden der Stadt. Die Familie Miletic holt ihre Spezialitäten aus ganz Kroatien: Spargel, Öl und Trüffel aus Istrien, den Prosciutto sowie die Bratwürste aus Dalmatien und das Wild aus Slawonien. Wirtin Vesna fabriziert im Herbst großartige Marmeladen, die man zum

Restaurant Leut – Plodovi mora sa roštilja

Dubravkin Put

Dessert samt einem selbstgemachten Weichsellikör genießen kann. Und Gastgeber Tihomir erklärt den unbedarften Touristen die Geheimnisse der kroatischen Küche.

Die Weinkultur der ehemaligen k. u. k. Hauptstadt hat eine beeindruckende Entwicklung hinter sich. Es zahlt sich aus, die einheimischen Weine zu verkosten – vor allem die roten. Zu Preisen, die für Deutsche und Österreicher ein Schnäppchen sind. Da lohnt es sich, ein paar Flaschen ins Auto einzupacken und nach Hause mitzunehmen.

600 Kilometer weiter südlich liegt Dubrovnik. Im Balkankrieg sind auch einige Bomben auf diese „Perle der Adria" abgeworfen worden. Ich war damals knapp nach dem Krieg dort und, ehrlich gesagt, ich hätte mir nicht vorstellen können, wie schnell die Kriegsnarben wieder verheilen würden. Allerorts wurde renoviert, restauriert, und auch die besten Restaurants haben sich in den letzten Jahren ein Facelift verpasst, ohne ihren Reiz zu verlieren.

Dubrovnik ist im Sommer natürlich extrem überlaufen. Vor allem seit es sich herumgesprochen hat, dass Teile von „Games of Thrones" in der Altstadt gedreht wurden und die Königin an der Treppe zum Jesuitenkloster nackt durch die Menge getrieben worden ist.

Scampi, Sea Bass und Taube

Fürs „feine Essen" auf einer Terrasse bei der Stadtmauer empfiehlt sich das „**Nautika**". Das Lokal am westlichen Eingang zur Altstadt nennt sich „The most romantic Restaurant in the World", was eine kleine Übertreibung ist. Aber die Lage, direkt an der Stadtmauer mit Blick aufs Meer, ist wirklich traumhaft. So wie auch die des „**360°**" Restaurants auf der anderen Seite der Festung, wo man zwischen altem Gemäuer und Schießscharten dinieren kann. Allerdings lassen sich die Renommier-Lokale den Ausblick auch bezahlen. 120 Euro fürs „Tasting Menu" ist ein ordentlicher Preis, auch wenn's dafür fünf Gänge mit Scampi, Sea Bass und Taube gibt.

Ich mische mich lieber unter die Wartenden vor der „**Lokanda Pescarija**", direkt an der alten Hafenmole, wo das beste Tintenfisch-Risotto (ich würde sogar sagen, der ganzen Adria-Küste!) serviert wird. Bis zu 250 Leute finden dort an den bunten Tischen Platz. Trotzdem kann's bis zu einer halben Stunde dauern, bis man einen Platz ergattert, wenn man nicht rechtzeitig reserviert hat.

Nautika

Denn das Essen ist erstklassig. Marinierte Anchovis, eine veritable Fischplatte, das gibt's zu leistbaren Konditionen – hier wird ums selbe Geld wie oben auf der Terrasse für eine Person eine vierköpfige Familie satt.

Wer es exklusiv und preisgünstig haben will, der ist am besten ein paar Kilometer südlich von Dubrovnik im kleinen Ort Cavtat aufgehoben. Im Restaurant „**Leut**" am Hafenquai haben schon Liz Taylor und Gerard Depardieu gut gespeist. Und manchmal schaukelt auch die 162 Meter lange Yacht des russischen Milliardärs Roman Abramowitsch in der Bucht. Bestellen Sie einfach ein paar Garnelen und lassen Sie Wirt Ivo Bobic einen frisch gefangenen Fisch aussuchen. Versprochen: Das macht Spaß!

Warum es in Kroatien – im Unterschied zum restlichen Mittelmeer – noch immer so viel fangfrischen Fisch gibt, hat mir mal ein kroatischer Freund erklärt: „Erstens ist während des fast zehn Jahre dauernden Balkankrieges kaum etwas gefischt worden, zweitens ist die zerklüftete Küste Kroatiens ein idealer Zufluchtsort für die Fische. Denn dort kommen die kommerziellen Fischer mit ihren breiten Netzen glücklicherweise gar nicht hin. Und so hat der Fisch überlebt und die Fischer haben noch immer genug zum Angeln ..."

~ MEINE TIPPS ~

Zagreb

Apetit City
apetit.hr

Noel
noel.hr

Dubravkin Put
dubravkin-put.com

Vinodol
vinodol-zg.hr

Mano
mano.hr

Konoba Ponistra
facebook.com/Konoba-Ponistra

Korkyra
korkyra.hr

Tac
restac.hr

Dubrovnik

Nautika
nautikarestaurant.com

Lokanda Peskarija
mea-culpa.hr

360
360dubrovnik.com

Cavtat

Restaurant Leut
restaurant-leut.com

Spanien, Frankreich, Italien

Bodegas, Bistros und Trattorien

Die Mittelmeerküche ist weltberühmt. Hier finden Sie die feinsten Plätze auf Mallorca, Ibiza, an der Côte d'Azur und in Sardinien.

Starten wir im westlichen Mittelmeer, dort, wo es die meisten Inselurlauber hinzieht. Auf *Mallorca* hat sich in den letzten Jahren eine spektakuläre Gourmetszene entwickelt. Und daran waren von Anfang an ein Deutscher und ein Engländer beteiligt: Gerhard Schwaiger gründete das erste Gourmetlokal, das „**Tristán**" im Portals Nous, das er aber zwischenzeitlich aufgegeben hat („Gourmetküche ist einfach zu teuer!"). Jetzt kocht er im „**Xino's**", in einem Dachgeschoß direkt in Palma genauso gut wie vorher, aber mit unter 50 Euro deutlich preiswerter. Und der Engländer, der am Beginn der Gourmetinsel Mallorca gestanden ist, werkt noch immer im gleichen Haus in der Altstadt von Palma, fünf Minuten von der Plaza Mayor entfernt. Bei „**Marc Fosh**", das Lokal heißt wie der Küchenchef, zu essen ist tatsächlich eine Reise durch die moderne, spanische Küche vom Kirsch-Carpaccio mit mariniertem Serviola-Fisch bis zum Schweinebauch mit Mangold-Eis – modern und großartig interpretiert, zu Mittag sogar unter 30 Euro.

Tataki von der Dorade, Ceviche von der Languste

Aber der neue Shootingstar kommt aus Mexiko und tischt eine spanisch-japanisch-mexikanische Fusionsküche auf. Emilio Castrejón kommt aus Mexiko und präsentiert Tataki von der Dorade, Ceviche von der Languste, Tempura vom Huhn und japanisch zubereitetes Rindsfilet – kein Wunder, dass sein „**Emilio Innobar**" auf Wochen hinaus ausgebucht ist. Dem deutschen TV- und Filmstar Til Schweiger hat es jedenfalls so gut geschmeckt, dass er ihm die Menükarte seines neuen Restaurants in Hamburg anvertraute.

Wer es lieber etwas noch ausgefallener hat, der pilgert ins „**Zaranda**" im Hotel Castell Son Claret, wo Fernando Pérez Arellano schwarzes Ei mit Sepia-Kaviar und kunstvoll asiatisch verfeinertes Spanferkel auf der Karte hat. Oder man besucht Santi Taura, einen ehemaligen Fernsehkoch, der sogar richtig spanisch, ohne viel

Crossover, kocht. Früher nördlich von Palma in einem Wirtshaus anzutreffen, hat er jetzt in der Altstadt von Palma sein modernes „**Dins Santi Taura Palma**" aufgemacht.

Für zwei weitere Restaurants kann man die halbe Stunde Fahrzeit von Palma in den Norden noch in Kauf nehmen: Joan Marc in Inca kombiniert Sardinen mit Xeixa-Nudeln (Urweizen aus Mallorca) und Kaninchen mit Pistazien. Ein paar Kilometer weiter in Richtung Pollenca liegt das „**Ca Na Toneta**", wo Maria Solivellas, eine ehemalige Theaterproduzentin, in ihrem organischen Garten altes mallorquinisches Gemüse anbaut und auch Fleisch und Fisch nur aus der Gegend bezieht. „Alles bei uns kommt von der Insel, nur der Käse kommt aus Menorca." Weil dort die Kühe, die nahe beim Meer grasen, leicht salzig schmeckende Milch geben, die zum typischen Menorca-Käse verarbeitet wird.

Wer im Südosten residiert, muss unbedingt zu Marta Rosselló am Strand von Colònia de Sant Jordi. Sie gilt als das größte Talent unter den mallorquinischen Köchinnen. Im „**Sal de Coco**" serviert sie eine Gazpacho, aber mit Kirschen und Sepia, einen Bohneneintopf, aber mit Jakobsmuscheln, und sogar eine richtige Paella, aber verfeinert, dekonstruiert, grandios.

Mein Lieblingslokal ist das „**Forn de Sant Joan**“ in der Altstadt von Palma, wo es gehobelte Gänseleber, Königskrabbe mit Seeigel-Creme, Täubchen mit Birnenpüree und Lamm mit Minzpesto gibt. Noch typischer geht's im „**Tast**“ zu, und zwar im Original an der Carrer de la Unió. Unscheinbarer Eingang, doch dahinter wird's gemütlich und zünftig – Serrano-Schinken, Blutwurst, Patatas Bravas, Kabeljau-Kroketten, Mini-Hamburger, Schweinsfuß mit Spiegelei.

Auf der Nachbarinsel *Ibiza* sind die einstmals rustikalen Bodegas fast alle von der Moderne weggefegt worden. Wo einst die Señora auf Riesenpfannen die Paella angerührt hat, steht jetzt ein schickes Steakhaus, dort, wo das Lamm vier Stunden lang auf kleiner Flamme geschmort worden ist, habe ich einen – durchaus guten – Asiaten entdeckt. Nur die Fischlokale am Meer haben den Ansturm der „Beautiful People“ überstanden.

Davon schwärmt sogar die New York Times

Zum Beispiel mein Lieblingslokal, das „**La Noria**“ an der Cala Boix im Nordosten, immer noch wunderbar altmodisch, mit verbeulten Holztischen, aber wirklich frischem Frisch von den Fischern vor Ort, sogar von der „New York Times“ angepriesen. Ähnlich das „**El Bigotes**“ an der Cala Mastalla.

Nicht ganz so alt-ibizenkisch, aber trotzdem auch preislich zu empfehlen, das „**Chiringuito**“ am Atzaro Beach. Und natürlich mit dem schönsten Blick aufs Meer, aber deutlich weniger günstig, das „**La Escollera**“ neben den Salinas. Ja, auch Tapas-Bars findet man noch da und dort – die besten bekommt man in der „**La Bodega**“ in Ibiza-Stadt am Fuße der Festung Dalt Vila.

Wer Party machen möchte, kommt um die Adrià-Brüder (lesen Sie dazu auch meine Barcelona-Tipps) nicht herum. Gemeinsam mit dem Chef des Cirque du Soleil, Guy Laliberté, haben sie im Ibiza Grand Hotel de Marina Botafoch den Event-Zirkus „**Heart**“ ins Leben gerufen. Eine Art Music-Gastro-Spektakel der Sonderklasse. Auf zwei Ebenen geht's ab 20 Uhr los. Oben auf der Terrasse gibt's Street Food vom Feinsten um 70 Euro ohne Drinks – an Ständen, auf diversen Trolleys. Dazu gibt'sein DJ, Bodypainter, Cirque du Soleil. Und drinnen im umgebauten großen Ballsaal präsentiert

Su Tzilleri e su Doge

sich der Supper Room. 150 Euro kostet das Set Dinner – Food of the World aus Spanien, Peru, Mexiko, China und Japan. Bands, Artisten und Künstler aller Art lockern die Dinner-Szene auf.

Um Mitternacht dann der „Magical Moment", inszeniert vom Circque du Soleil – und alles wird zu einem exzeptionellen Night Club, wie ihn Ibiza bisher noch nicht gesehen hat, sagt zumindest Albert Adrià.

Die beste Bouillabaisse

Weiter geht's an die *Côte d'Azur*, wir fangen in Saint-Tropez an. Unbezahlbar? Nein, es gibt auch im sommerlichen Epizentrum der VIPs ein paar Adressen, wo man nicht nur hervorragend, sondern auch einigermaßen preisgünstig essen kann.

Die beste Bouillabaisse zum Beispiel gibt's für mich nicht in Marseille, sondern in Ramatuelle. Ein paar Kilometer vom Reichen-Wahnsinn in der berühmt-berüchtigten „**Beach Bar 55**" entfernt, wo die Crudités, also ganz normales rohes Gemüse mit Dip, schon mehr als 50 Euro kosten, liegt das „**Chez Camille**" in einer kleinen Bucht direkt am Sandstrand. Erst vor einigen Wochen habe ich die berühmte Fischsuppe mit Kartoffeln, Aioli, Loup de Mer,

Calamari und Saint-Pierre gelöffelt. Wunderbar auch für Familien – während man sich oben im renovierten Pavillon der Bouillabaisse und dem Wein hingibt, können die Kleinen in Sichtweite der besorgten Eltern am Strand herumtollen.

Und in Saint Tropez selbst, direkt am Hafen, empfehle ich das alteingessene „**Le Girelier**", wo man zu Mittag ein dreigängiges Menü (zum Beispiel Muscheln, Steak mit Pommes frites und eine herrliche Tarte Tropezienne) um wohlfeile 35 Euro mit Blick auf die Yachten genießen kann.

Krabbenrisotto mit Blick auf die Yachten

Auch dort kann man zu zivilen Preisen den Urlaub genießen. Die besten Austern und ein Menü mit Jakobsmuscheln und Krabben-Risotto gibt's im „**Astoux et Brun**", ebenfalls um 35 Euro und ebenfalls mit Blick auf die Yachten. Allerdings, reservieren kann man dort nicht, daher bildet sich am Abend eine Schlange mit einer halbstündigen Wartezeit. Wer das vermeiden will, muss eben früh oder spät essen. Bei meinem nächsten Geheimtipp sitzt man nicht

Frische Zutaten für die Bouillabaisse maison

Forn de Sant Joan

draußen, sondern drinnen – auch im Sommer, dann von der Aircondition angenehm gekühlt. Im „**L'Affable**“ genieße ich die beste Gänseleber weit und breit, danach Rosmarin-Lamm und eine Schokoladentorte, von der meine Kinder noch heute schwärmen.

Weiter östlich, in Nizza, steht am Place Garibaldi die beste Austernbar. Im „**Café de Turin**“ schlürfen vor allem die Einheimischen ihre Muscheln oder machen sich über Krabben und Langusten her. Keine Angst, alles wird gut gekühlt und die Weisheit, dass man Austern nur in Monaten mit einem „r“ essen kann, ist sowieso längst überholt. Abendessen kann man dann in einem der moderneren Bistros, im „**Bistrot d'Antoine**“ (bitte unbedingt reservieren, da gibt's nur 24 Sitzplätze), oder im „**Peixes**“, wo man zwar auf Plastikstühlen sitzt, aber eine der besten Fischküchen von Nizza präsentiert bekommt.

Und wer's wirklich original und authentisch mag, pilgert in die „**Cantine de Lulu**" im Studentenviertel, wo von gebackenen Zucchiniblüten über Kirchererbsensuppe bis zum Stockfisch alles auf der Karte steht, was die traditionelle Cuisine Nicoise ausmacht – für eine vierköpfige Familie alles unter 100 Euro, dann schmeckt's besonders gut.

Ich weiß schon, die Costa Smeralda ist – so wie die Côte d'Azur – nicht nur als teuer verschrien, sie ist es tatsächlich. Trotzdem gibt es nördlich und südlich von Olbia ein paar Trattorien, bei denen die Geldbörse nicht dramatisch geplündert wird.

Meine einheimischen Freunde lieben zum Beispiel das „**Il Gambero**" in Olbia, da kostet der Fisch (vom frischen Tuna bis zur Orata) maximal 15 Euro und schmeckt trotzdem hervorragend. Je mehr man sich der Costa Smeralda nähert, umso teurer wird's natürlich.

Sardisches Lamm in Weißweinsauce

Das „**Pedistellas**" in Porto Rotondo muss man trotzdem besuchen, allein der wunderschönen Lage zwischen Felsen und Olivenhain wegen – und die 50 Euro pro Person in dieser Gegend sind nahezu als christlich anzusehen. Weiter südlich in Orosei wird mir die „**Locanda Sa Turre**" als „hervorragend und erschwinglich" empfohlen. Und in Cagliari im Süden kann ich mit einer eigenen Empfehlung aufwarten. Das „**Su Tzilleri e su Doge**" von Claudio Ara ist einfach großartig. In der Altstadt gelegen, eine Trattoria der alten Schule mit rot-weiß-karierten Tischtüchern, wie anno dazumal. Die Nudeln sind ein Gedicht – von den Linguini mit Scampi und Basilikum bis zu den Macaroni mit schwarzer Tintenfisch-Sauce. Natürlich gibt's dort auch Fisch, aber nichts schlägt das sardische Lamm in der Weißweinsauce. Wo immer in Sardinien Sie auch Ferien machen, im mondänen Norden oder im familiären Süden – bei Claudio sollten Sie vorbeischauen.

~ MEINE TIPPS ~

Spanien

Mallorca

Xino's
schwaiger.es

Marc Fosh
marcfosh.com

Emilio Innobar
emilioinnobar.com

Zaranda
zaranda.es

Dins Santi Taura Palma
dinssantitaura.com

Joan Marc Restaurant (Inca)
joanmarcrestaurant.com

Ca Na Toneta (Caimari)
canatoneta.com

Sal de Coco (Colonio de Sant Jordi)
restaurantsaldecoco.com

Tapas

Forn de Sant Joan
forndesantjoan.com

Tast
tast.com

Ibiza

La Noria
Cala Boix, 07850 San Carlos
Tel: +34 650 79 76 33

San Carlos, Santa Eulalia del Rio,
Tel: +34 971 33 53 97,

El Bigotes
Camino Cala Boix, Cala Mastella,
Tel: +34 650 79 76 33

Chiringuito
elchiringuitoibiza.com

La Escollera
laescolleraibiza.com

La Bodega Ibiza
labodegaibiza.es

Heart
heartibiza.com

Frankreich

Saint-Tropez

Beach Bar 55
club55.fr

Chez Camille (Ramuelle)
chezcamille.fr

Le Girelier
legirelier.fr

Cannes

Astoux et Brun
astouxbrun.com

L'Affable
restaurant-laffable.fr

Nizza

Café de Turin
cafedeturin.fr

Bistrot d'Antoine
27 Rue de la Préfecture,
Tel: +33 4 93 85 29 57

Peixes
4 Rue de l'Opera,
Tel: +33 4 93 85 96 15

Cantine de Lulu
26 Rue Alberti,
Tel: +33 4 93 62 15 33

Italien

Sardinien

Il Gambero
Via la Marmora 6A, Olbia,
Tel: +39 0789 23874

Pedistellas
pedistellas.eu

Locanda Sa Turre
Via Amsicora 20, Orosei,
Tel: +39 377 389 7617

Su Tzilleri e su Doge
claudioara.com

Adria, Dalmatien, Griechenland

Die Sonne, das Meer, der Fisch

Caorle, Jesolo & Co erleben wieder eine neue Blüte. Die dalmatinischen Inseln sind zum Verlieben schön. Und Mykonos ist sowieso ein Paradies für Feinschmecker.

Essen konnte man ja an der italienischen Adria schon immer hervorragend, vor allem wenn man es sich etwas kosten hat lassen. Seit 30 Jahren steht das „**Ristorante da Guido**" ganz oben auf der Liste meiner Lieblingslokale. Von außen unscheinbar an der Strada Provinciale von *Jesolo*, aber wenn man sich drinnen den frischen Adria-Fisch servieren lässt, ist Wien ganz weit weg. Ob frische Meeresspinnen, Tintenfisch, die Gnocchetti, das Risotto mit Meeresfrüchten und als „Secondi Piatti" alles, was die Fischer vor Ort in der Früh aus dem Meer gezogen haben. Aber es gibt auch preisgünstigere Möglichkeiten, hervorragend zu essen. Bei „**Da Omar**" am Lido zum Beispiel und in der Pizzeria „**Il Fagiolo**", wo meine Freunde die besten Pizzen verkostet haben.

In *Caorle* schmeckt's mir am besten in der „**Trattoria Al Mare**", auf der Terrasse am Campo del Podestà, nur 100 Schritte vom Strand entfernt. Ein paar Meter weiter in der Pizzeria „**Divina Costiera**" fühlen sich die Kinderlein am wohlsten. Ein bisschen kitschig, mit Fischernetz an der Decke, zum gemütlich Essen eben. Und in Grado besuchen Eingeweihte die „**Tavernetta All'Androna**" oder das „**Agli Artisti**" und rühmen die einfache, aber gediegene Fischküche.

Aber weiter an der Adriaküste nach Süden. *Kroatien* hat mit der italienischen Küste in der Beliebtheit bereits gleichgezogen. Ob in Istrien, auf den dalamatischen Inseln oder in Dubrovnik, Deutsch ist durchwegs die meistgehörte Touristensprache. Kein Wunder, in fünf Stunden ist man von der deutschen und in zwei Stunden von der österreichischen Grenze vor Ort. Der Kommunismus ist lange vorbei und heute hat sich bei unseren südlichen Nachbarn eine neue hervorragende Gastronomie etabliert. Und das nicht einmal 20 Jahre nach dem Ende des Jugoslawien-Kriegs.

Vor allem die dalmatinischen Inseln stechen da hervor. Mein Lieblingsplatz zum Essen, Trinken und Wohlfühlen liegt auf der kleinen

Insel *Palmižana*, zehn Minuten mit dem Boot von Hvar. 100 Jahre schon gehört der Meneghello-Familie das gleichnamige Insel-Resort. Entweder unten am Strand oder weiter oben auf der großen Terrasse kommt alles auf den Tisch, was das Meer rundherum hergegeben hat – von den frischen Lobstern bis zum Saint-Pierre. Mutter Dagmar überwacht alles, Sohn Dzenko führt die Strandbar und Tochter Romina dirigiert auf der Terrasse. In Hvar selbst geht man am besten ins „**Giaxa**" in der Altstadt und freut sich über die traditionelle Fischplatte mit Kartoffeln, Mangold und Oliven.

Wer sich mit dem Motorboot um 50 Euro rausfahren lässt, besucht die kleine Insel *Vis*, wo man dem Massentourismus tatsächlich entrinnen kann. Zwei reizende Wirtshäuser, „**Lola**" und „**Pojoda**", garantieren den besten Abschluss nach einem Tag an einem der einsamen Strände, die ein wenig an die Karibik erinnern.

Noch zwei Tipps für *Braĉ*. Im Renaissance-Palast „**Palaĉa Dešković**" und im „**Lemongarden**", direkt am Meer, gibt's die schönsten Sonnenuntergänge, einfach zum Verlieben. Und auf *Korčula* sitzt und isst man am besten auf der Terrasse des neueröffneten „De Canavellis" und lässt bei einem Glas kroatischen Weißweins den lieben Gott einen frommen Mann sein.

Ganz oben auf der Liste der Sommer-Traumdestinationen steht Griechenland. Gourmet-Insel Nummer eins ist *Mykonos*. Nicht gerade billig, aber dafür gibt's sowohl Party wie auch einsame Strände, VIPs und Menschen wie du und ich. Ich lasse jetzt einmal die berühmten Strandrestaurants „**Spilia**", „**Scorpios**" und „**Nammos**" außen vor (Wollen Sie tatsächlich mehr als 100 Euro für einen Fisch auf den Tisch legen?) und konzentriere mich aufs

Lola

Erschwingliche. Am Eingang des Hafens von Chora, gegenüber von den berühmten Windmühlen liegt das „**Nice n Easy**" – zugegeben, ein blöder Name, aber der Fisch ist hervorragend, erschwinglich und der Service immer freundlich. Und wer's lieber intim und gemütlich hat, geht zu „**Katerina's**" in Little Venice mit einem Traumblick übers Meer. Noch mehr Mykonos-Tipps finden Sie unter „Griechenland"!

Knapp vor der türkischen Küste liegt *Rhodos*. Viel Massentourismus, aber wer suchet, der findet auch – nämlich Restaurants, wo es gute griechische Küche gibt, und nicht nur touristengriechisches Essen mit viel verbranntem Fleisch oder Fisch. In der Stadt Rhodos an der Nordspitze zum Beispiel das „**Dinoris**" in einem alten Palast am Rande der Altstadt oder im „**Mama Sofia**", das vor allem deshalb empfehlenswert ist, weil man dort 70 der in der Zwischenzeit hervorragenden griechischen Weine abseits vom Retsina probieren kann. In Lindos mit den schönsten Stränden in der Umgebung werden mir von Gourmetfreunden zwei Stadtlokale empfohlen und vor den Strandlokalen wird eher gewarnt. Von der Dachterrasse des „Arhontiko", einem 400 Jahre alten Kapitänshaus, hat man einen wunderbaren Ausblick auf Akropolis und Meer, und im „**Mavrikos**" wird griechisch-türkische Fusionsküche serviert.

Beim Schreiben dieser Zeilen habe ich selbst Appetit bekommen. Einmal die besten Restaurants der Adria und des östlichen Mittelmeers abzuklappern, am besten mit dem Boot, wäre schon ein Traum. Aber den heb ich mir für die Pension auf. Wann immer die sein wird ...

~ MEINE TIPPS ~

Italien

Jesolo

Da Guido
ristorantedaguido.com

Da Omar
ristorantedaomar.com

Il Fagiolo
Via Bafile 203
Tel: +39 0421 92450

Caorle

Trattoria Al Mare
Campo del Podestà 2
Tel: +39 0421 81202

Divina Costiera
divina-costiera.it

All'Androna
androna.it

Agli Artisti
ristoranteagliartisti.it

Kroatien

Hvar

Palmižana
palmizana.com

Giaxa
giaxa.com

Vis

Lola
lolavisisland.com

Pojoda
Ul. don Cvjetka Marasovića 8
Tel: +385 21 711 575

Brač

Palača Dešković
palaca-deskovic.com

Hotel Lemongarden
Lemongardenhotel.com

Korčula

De Canavellis
Sv. Barbare 15
Tel: +385 99 469 9020

Griechenland

Mykonos

Nice n Easy
www.niceneasy.gr

Katerina's
katerinaslittlevenicemykonos.com

Rhodos

Dinoris
dinoris.com

Mama Sofia
mamasofia.gr

Arhontiko
arhontikolindos.com

Mavrikos
Lindos
Tel: +30 2244 031232

Amsterdam
Mehr als Tulpen und Hering

Wenn im Garten die ersten Tulpen sprießen, ist 1000 Kilometer weiter nordwestlich die ganze Tulpenpracht schon in voller Blüte – die beste Zeit, einen kulinarischen Abstecher nach Amsterdam zu machen. Denn neben den „Tulpen aus Amsterdam" (erinnern Sie sich noch an das schmalzige Lied?) gibt's dort jetzt auch hervorragende Gourmetküche.

Der beste Platz, um die neue niederländische Küche zu probieren, heißt „**Spectrum**" und liegt zwischen Keizersgracht und Herengracht im „Waldorf Astoria". Dort amtiert ein Schüler des wohl berühmtesten holländischen Kochs, Jonnie Boer. Unterstützt von einem alten österreichischen Bekannten: Sascha Speckemeier ist der Restaurantchef, er hat gemeinsam mit Silvio Nickol das Feinschmeckerlokal im „Palais Coburg" geführt, war dann im berühmten „Ultraviolet" in Shanghai aktiv und hat sich nunmehr hier in Amsterdam etabliert. „Bei uns wird holländisch mit asiatischen Einflüssen gekocht", erzählt Sascha. „Und natürlich gibt's viel Frisches aus dem Meer."

Eingelegter Hering mit Dill und Zimt

Zum Beispiel den eingelegten Hering mit Dill und Zimt – klingt verwirrend, schmeckt aber herrlich. Die Riesengarnele wird mit einem Rindsripperl serviert und der Aal mit Gänseleber. Für diese Extremkombinationen hat das „**Spectrum**" auch zwei Michelin-Sterne erhalten. Aber genug vom Michelin-Fimmel, die letzten Bewertungen in Österreich und Deutschland lassen ja an der Glaubwürdigkeit des roten Führers zweifeln.

Und wo geht Sascha Speckemeier samt seinem Team hin, wenn's was zu feiern gibt? „Für die verspätete Weihnachtsfeier im März waren wir im ‚Wolf Atelier'", erzählt er. Das „**Wolf Atelier**" befindet sich auf einer auf Restaurant umgebauten historischen Zugbrücke an der City Marina beim Bahnhof und gehört einem waschechten Vorarlberger aus dem Bregenzerwald. Noch nicht einmal 40, hat der Michael Wolf doch schon einiges erreicht. Das schicke Brückenrestaurant ist immer voll, die hervorragende Küche und der

günstige Preis (52 Euro für fünf Gänge) haben ihm unter den 1000 (!) Amsterdamer Gaststätten nach nur drei Jahren einen Spitzenplatz beschert.

Und seit Anfang April kann man unterhalb der Zugbrücke, im Garten bei der Marina, den Abend und den Barbecue-Grill genießen.

Apropos jung und Koch: Am anderen Ende der Herengracht haben sich zwei talentierte Holländer abseits der Sterneküche selbstständig gemacht. Im „**Amstel 212**" gibt's keine Tische, sondern nur Sitzplätze an der Theke rund um die Küche, wie das heute modern geworden ist. Die Küche präsentiert sich nicht nur ambitioniert, sondern auch sehr experimentierfreudig, von Nordseekrabben mit Pilzen über Steinbutt mit Seeigel-Mousse bis zum Rehrücken mit grünen Oliven und Lardo. Ähnlich „verwegene" Kombinationen werden im „**Bak**" serviert. Auch dort agiert ein „ junger Wilder" in der Küche. Mit 32 Euro fürs Menü wird der wohl preisgünstigste Ausflug in die moderne holländische Küche geboten.

Zugegeben, ich bin kein großer Gemüsefan und die vegetarische Küche liegt mir fern, aber eines meiner Amsterdamer Lieblingslokale heißt „**De Kas**" und verfügt über ein riesiges Gewächshaus, wo alles Gemüsige selbst angepflanzt wird und später auf den Tisch im Restaurant daneben kommt. Frischer und geschmackvoller geht's nicht – und da schlage sogar ich bei den fünf Gemüsegängen zu. Vor allem, weil sie neuerdings doch mit einem schönen Stück Fisch oder Fleisch „verziert" werden.

Als Gegendroge zu übermäßigem Gemüsegenuss empfiehlt sich eine Weinbar, die speziell der Wurst gewidmet ist. Und auch „**Worst**" heißt. Von der Kreeftenworst (einer Fisch-Farce mit Hummerstückchen) bis zu Fenchel-, Rauch- und Wildschweinwurst kommt hier alles auf den Tisch, was der Internist daheim verboten hat.

Aber wenn man so nahe am Meer ist, möchte man natürlich vor allem beim Seafood zuschlagen. Und da hat Amsterdam auch für die kleine Geldbörse viel zu bieten. In der modernen „**Seafood Bar**" wird tatsächlich alles offeriert, was im Meer haust: Austern, Muscheln, Krabben, Garnelen, Oktopus, Hummer und Fisch, Fisch, Fisch. Ideal für die Mittagsrast – inklusive eines guten Glases Wein bin ich für die vierköpfige Familie unter 60 Euro geblieben. Auf den Hummer habe ich allerdings verzichten müssen. Wer's noch günstiger will, der pilgert am besten zu einem der zahlreichen Heringstände. Am besten zu „**Haring & Zo**" in der Innenstadt gleich in der Nähe vom Dam. Der berühmte holländische Matjes ist übrigens kein roher, wie meist angenommen, sondern ein in Salz eingelegter Hering. Die berühmten Nieuwe Haringen sind übrigens ab Juni auf dem Markt.

Und weil wir schon bei den holländischen Traditionen sind, dürfen natürlich auch die dick geschnittenen Fritjes nicht fehlen. Im „**Wil Graanstra Friteshuis**", die Bude am Westermarkt steht seit 1956, kann man angeblich die besten bekommen. Ich selbst klinke mich aus, aufgrund kinderbedingter „McDonald's"- Besuche habe ich von

Seafood Bar

Worst

Pommes frites schon lange genug. Aber bei Wil sehen sie zumindest kross aus und Mayonnaise oder Ketchup gibt's gratis dazu.

Einmal pro Monat gibt es Schnitzel

Ein Besuch in Amsterdam ist natürlich unvollkommen, wenn man sich keine Rijsttafel gegönnt hat. Eine indonesische Spezialität, die „dank" der niederländischen Kolonialisierung am besten hier zu verkosten ist. Seit vielen Jahren sitze ich im kleinen **„Tempo Doeloe"** an der Utrechtsestraat und freue mich über die bis zu 40 verschiedenen kleinen Schüsserln, in denen Kleinstportionen von Salat, Gemüse, Fisch und Fleisch in der Form eines indonesischen Buffets auf den Tisch kommen. Wer es feiner haben will, geht in das **„Blue Pepper"**, wo man die Reistafel entweder im Restaurant oder bei einer kleinen Bootsfahrt über die Amstel und die Grachten serviert bekommt.

Zu viel der fremdländischen Genüsse? Dann rufen Sie im eingangs erwähnten **„Wolf Atelier"** unseres Vorarlberger Landsmannes an. Einmal pro Monat kredenzt er Schnitzel mit Erdäpfelsalat für seine holländischen Freunde. Vielleicht haben Sie ja Glück und ergattern eines …

~ MEINE TIPPS ~

Restaurants

Spectrum
restaurantspectrum.com

Wolf Atelier
wolfatelier.nl

Amstel 212
212.amsterdam

BAK
bakrestaurant.nl

De Kas
restaurantdekas.nl

Worst
deworst.nl

The Seafood Bar
theseafoodbar.nl

Tempo Doeloe
tempodoeloerestaurant.nl

Blue Pepper
restaurantbluepepper.com

Imbiss

Haring & Zo
haringenzo.nl

Wil Graanstra Friteshuis
Westermarkt 11,
1016 DH Amsterdam
Tel: +31 6 12345678

Käse

Fromagerie Abraham Kef
abrahamkef.nl

Kaashuis Tromp
kaashuistromp.nl

Bukarest, Sofia

Wo bitte gibt's hier ordentliche Küche?

Zwischen Stalin-Bauten müssen geplagte Geschäftsleute in Bukarest und Sofia die besten Plätze erst finden. „Wo bekomme ich im Osten etwas Ordentliches zum Essen und zum Trinken?" Diese Frage höre ich des Öfteren von meinen Landsleuten und auch von deutschen Freunden – schließlich gehören wir zu den größten Investoren in Rumänien und Bulgarien.

In Rumänien war ich einstens, als noch Ceauşescu am Ruder und Bundespräsident Kirchschläger auf Staatsbesuch war. Und meine erste Erinnerung an Sofia ist ein Länderspiel Bulgarien gegen Österreich Anfang der 80er-Jahre, null zu null übrigens. Von beiden Städten waren mir nur die stalinistischen Prunkbauten und die schreckliche Verpflegung im Kopf geblieben. Als essbar stellte sich eigentlich nur der Käse-Tomaten-Gurken-Salat heraus, über das fette, verbratene Fleisch bei Staatsempfang und Länderspiel wollen wir nach dem Verfall des Kommunismus den Mantel des Schweigens breiten.

Der Fisch ist dem „Nobu" nachempfunden

Also machte ich mich erst mal auf nach Bukarest, um erstaunt festzustellen, wie viel sich da geändert hat. Die Rumänen haben sich ja immer schon für halbe Italiener gehalten (aufgrund der romanischen Sprache), und jetzt ist eine veritable italienische Gastronomie dazugekommen. Rund um den schönen Herastrau-See haben sich einige der besten Restaurants angesiedelt. „**Il Locale**" und „**Casa di David**" heißen die bekanntesten. Hervorragender Fisch und Garnelen (der dem „Nobu" nachempfundene „Black Cod in Miso" im „**Casa**" ist wirklich hervorragend) aus dem nahen Schwarzen oder dem Mittelmeer, saftige Steaks aus der Umgebung und wer will, kann auch eine Pizza bestellen. Dazu rumänische Weißweine (am besten von Davino) oder Rotwein aus dem angrenzenden Bulgarien (darüber später mehr). Der einheimische Tresterschnaps und eine Zigarre auf der Terrasse – und das Geschäftsessen wird zum Erfolg.

Der kroatische Chef Zoran importiert aus seiner Heimat täglich den besten Wildfang, wie er verspricht, und serviert ihn in seinem „**Fish House**" am Rande der Innenstadt. Seebarsch oder Langustine als Ceviche oder Carpaccio, Tuna als Tatar oder kurz angebraten und als Höhepunkt eine Brodetto mit Fisch, Calamari, Shrimps und Muscheln. Eine Qualitätssteigerung – allerdings mit deutlich angehobenen Preisen – gibt's um die Ecke bei „**Raionul Floreasca**". Frische Austern aus dem Schwarzen Meer und eine Fischtheke, wo man je nach Lust und Laune zwischen Branzino, Grouper oder Skorpionfisch wählen kann. Die kommen dann auf den Punkt gebraten auf den Tisch. Besser, so muss ich sagen, kriegt man das auch nicht an der Mittelmeerküste.

Wer das beste Steak vor Ort kosten will, der muss im „**Vacamuuu**" reservieren, das befindet sich im selben Block wie das „**Floreasca**". Auch dort gibt es eine Theke, diesmal für Fleisch, 20 Meter lang, wo sich der Geist sein Steak aussuchen kann. Filet, Entrecote, Rib Eye, T-Bone – und zwar wahlweise aus Rumänien, Frankreich, den USA, Australien oder echtes Kobe Beef aus Japan. In den drei Meter hohen Vitrinen zwischen den Tischen reifen die Rinderhüften bis zu einem halben Jahr, klimatisiert natürlich. Um ehrlich zu sein, ein solches Steakhouse würde ich mir auch zu Hause wünschen.

Man glaubt es kaum, aber sogar die Nouvelle Cuisine ist zwischenzeitlich in Rumänien eingezogen. Im „**Maize**“ toben sich die innovativen rumänischen Jungköche aus: Den Rote-Rüben-Salat richten sie mit rumänischer Burrata und geräuchertem Silberkarpfen aus der Donau an, die Regenbogenforelle wird über dem Feuer gekocht und mit Trüffeln und einer Speck-Vinaigrette serviert, der Schweinenacken kommt mit fermentiertem Kohl und Petersilie auf den Tisch. Manches ist noch nicht ganz perfekt, doch die Richtung stimmt. Einer der Chefköche vom „**Maize**“ hat sich inzwischen selbstständig gemacht. Alex Petricean serviert neue rumänische Küche im „**Noua**“. Beim großen Menü wird man durch die verschiedenen Regionen Rumäniens geführt – mit typischen Kostproben, allerdings leicht und bekömmlich, von Tomaten und Paprika-Confit bis zu Mici, einer Art rumänisches Cevapcici. Das muss man einfach probieren, besser wird's in Bukarest nicht.

Kuttelsuppe mit Knoblauch und Weichselschnaps

Aber natürlich will der aus Wien, Linz oder Graz angereiste Geschäftsmann auch einen Eindruck von der originären rumänischen Küche bekommen. Da heißt es allerdings, Volksmusik und einen höheren Geräuschpegel in Kauf zu nehmen. Am besten verkostet man „typisch Rumänisches“ im „**Caru' cu bere**“, einer 130 Jahre alten Bierhalle, wo man diese Spezialitäten bekommen kann: Die berühmte „Ciorba de burta“, eine Kuttelsuppe mit Knoblauch und Sauerrahm, ein traditionelles „Mancare“ mit Schweinefleisch, geräucherten Würsten, Polenta und Sauerkraut, oder „Sarmalute“, Weinblätterrouladen mit Faschiertem. Ähnlich schwere Kost gibt's im „**Zexe**“, wo automatisch als Digestif ein „Visinata“, ein Weichselschnaps, angeboten wird. Glauben Sie mir, den brauchen Sie! Apropos Trinkbares: Wer die, inzwischen durchaus ansprechenden rumänischen Weine verkosten will, der sollte den „**Tasting Room**“ besuchen, eine Dependance des besten Weinhändlers. Dort kann man jede Menge rumänischer Produkte verkosten – entweder gemeinsam mit den angebotenen Tapas oder zum Absacker nach einem erfolgreichen Business Dinner.

Weiter nach Süden, nach Sofia. Dort erwartet den Geschäftsmann oder Touristen keine italienische Note, sondern eher eine schwermütig-russische Atmosphäre – in der Gastronomie sind die bulgarischen Freunde noch meilenweit von den rumänischen Nachbarn

Caru`cu bere

entfernt. Nach wie vor ist der Schopska-Salat (Tomaten, Gurken, gebratene Paprika und viel Feta-Käse) der kulinarische Einstieg bei den traditionellen Lokalen.

Im „**Manastirska Magernitsa**" sind die Fleischportionen riesengroß, Lamm und Schwein werden auf riesigen Platten durchs Lokal getragen und kollektiv verspeist. Eher nix fürs Geschäftsessen, würde ich mal sagen.

Im „**Pod Lipite**" sind die Portionen etwas magenfreundlicher – trotzdem, Kalorien sollte man nicht zählen. Stelze jeglicher Herkunft sowie geröstetes Lamm werden in guter Qualität serviert. Und zu Preisen, von denen man zu Hause nur träumen kann: alles unter zehn Euro, wobei die jeweilige Stelze mehr als ein halbes Kilo schwer ist.

Aber natürlich hat sich auch in Sofia eine moderne Küche entwickelt. Das Toprestaurant heißt „**House with the Clock**" – die kirchturmartige Uhr ist nicht zu übersehen. In dem liebevoll eingerichteten Stadthaus lassen sich Business Meetings wohl am besten veranstalten, entweder im großen Speisesaal und in den kleineren Gästestuben (wo man auch unter sich bleiben kann) oder im Sommer im schönen Gastgarten mit Ausblick auf die City. Die Küche bemüht sich um internationale Spezialitäten vom Spinatrisotto bis zum T-Bone-Steak, meistens mit Erfolg.

20 Minuten von der Innenstadt entfernt hat vor einem Jahr das „**Cinecittà**" aufgemacht. Italienisch, wie der Name sagt, und von

Cinecittà

Fish House – Küchenchef Zoran

einem Südtiroler mit Fisch und Wein versorgt. Hannes Perfler aus Meran: „Leicht ist es nicht, Qualität in die bulgarische Gastronomie zu bringen, aber schön langsam wird auch Bulgarien Anschluss finden – und wir wollen da Vorreiter sein." Ja, lieber Südtiroler Freund, ich kann's bestätigen. Exzellente Pasta, hervorragender Fisch, genauso wie die Südtiroler Weißweine von Elena Walch bis Alois Lageder. Nur bei den Rotweinen sollte man sich eher an einheimische Kreszenzen halten. Zum Beispiel an einen vollmundigen Mavrud, der es jederzeit mit österreichischen Blaufränkischen aufnehmen kann. Schließlich haben schon die alten Griechen vor 2000 Jahren ihren Amphorenwein aus Thrakien importiert.

Da aber, wie man weiß, Alkohol die Zunge lockert, gebe ich gerne einen zweckdienlichen Hinweis meines bulgarischen Freundes V. weiter. „Bulgarien hat eine lange Geheimdienst-Tradition. Du musst davon ausgehen, dass da und dort und überall auch eine Abhörwanze versteckt ist!" Also ein bisserl vorsichtig sein, wenn man zu Tische sitzt – und die echten Geschäftszahlen besser erst bei einem kleinen Tratsch im Garten ausplaudern ...

~ MEINE TIPPS ~

Bukarest

Il Locale
illocale.ro

Casa di David
casadidavid.com

Fish House
fish-house.ro/en/home

Raionul Floreasca
Calea Floreasca 111-113

Vacamuuu
vacamuuu.com

Maize
maize.ro

Noua
nouarestaurant.ro

Caru' cu bere
carucubere.ro/en

Sofia

Manastirska Magernitsa
magernitsa.com/en

Pod Lipite
podlipitebg.com/en

House with the Clock
ul. „Moskovska" 15,
1000 Sofia Center
Tel: +359 2 987 5656

Cinecittà
cinecitta.bg

Moskau, St. Petersburg

Putin und die neue russische Küche

Die Sanktionen gegen Russland haben nicht nur die dortige Landwirtschaft revolutioniert, sondern auch einen kulinarischen Boom ausgelöst. Die russische Küche muss den Vergleich mit dem Westen nicht mehr scheuen.

„Nix ist so schlecht, dass es nicht auch was Gutes hat", pflegte meine Mutter, Gott hab sie selig, zu sagen. Das gilt auch für die vom Westen verhängten Sanktionen gegen Russland. Worunter nicht nur heimische Apfelbauern, sondern alle Lebensmittellieferanten leiden. „Kein Problem", kommentierte Russlands Präsident Putin wie immer etwas großspurig, „das produzieren wir alles selbst und werden zu einem der weltweit größten Produzenten von hochwertigen Lebensmitteln."

Nicht alles, was der russische Präsident so sagt, muss man glauben. Aber mit dieser Prophezeiung hat er recht gehabt. Der Sanktionszwang hat der russischen Küche einen wahren Frische-Kick verliehen. Rind, Schwein, Lamm, Fische und Krabben sowieso, Käse, Brot, sogar Wein – alles russisch, von den zwischenzeitlich privatisierten Kolchosen frisch ins Restaurant geliefert. „Dadurch hat sich eine wirklich tolle Küche entwickelt, die keinen Vergleich mit dem Westen zu scheuen hat", sagt Leonard Cernko, selbst ehemaliger Haubenkoch vom Kloster Und in der Wachau und jetzt als dynamischer Hoteldirektor in Moskau im „Ritz Carlton" tätig.

Kotelett vom Bären mit Stachelbeeren

Der Erste, der diesen Trend erkannt und ihn in der Spitzengastronomie umgesetzt hat, war Vladimir Mukhin mit seinem „**White Rabbit**". Das Luxusrestaurant im 16. Stock eines Bürohochhauses liegt nicht in der Stadt, sondern am zehnspurigen Gartenring. Aber trotzdem pilgern alle hin, und auf der „World's 50 Best"-Liste ist es auch. Für wohlfeile 120 Euro serviert Vladimir sein 13-gängiges Menü: „Russian Revolution" von gebackenen roten Rüben, Krautstrudel bis zum Kabeljau aus Murmansk und Kotelett vom Bären

mit Stachelbeeren. Wie gesagt, alles aus der russischen Heimat. Wem das Appetit macht, sollte rechtzeitig buchen. Plätze im „Weißen Hasen" sind nämlich sehr schwer zu bekommen.

Das gilt auch für die „Shooting Stars" der Moskauer Szene. Die Zwillinge Ivan und Sergey haben sich im kürzlich eröffneten **„Twins Garden"** ganz der neuen russischen Küche verschrieben. Zwei Stunden von Moskau entfernt haben sie ihre eigene Farm, von dort kommen täglich frisches Obst und Gemüse. Die Kombinationen der Brüder sind gewagt, doch interessant. Das Rindstatar wird mit geräucherten Pflaumen aufgetischt, die Krabbe mit Johannisbeeren und die Ente mit Kohlrabi. Und dazu die beste Weinkarte von Moskau. Denn ja, auch die russischen Weine sind heute trinkbar, manche sogar sehr gut – vor allem jene von der Schwarzmeerküste, wo schon der Zar Wein anbauen ließ.

Monster-Krabben im „Dr. Schiwago"

Für mich ist die beste Delikatesse, die man in Russland besonders im Spätfrühling bekommen kann, die berühmte Kamtschatka-Krabbe von der gleichnamigen Halbinsel im äußersten asiatischen Osten. Diese Monster werden bis zu 1,5 Meter im Durchmesser, besseres Krabbenfleisch gibt's nicht. Im **„Dr. Schiwago"** im Hotel National sind sie dekorativ auf den Vitrinen platziert und prominent auf der Speisekarte. „Überhaupt gibt's in Russland den besten Fisch", urteilt Hoteldirektor Cernko und empfiehlt als Alternative noch das „**Erwin**". Auf der Speisekarte stehen zwölf verschiedene Fischsorten – von der kaspischen Flunder bis zum Karpfen aus dem Ural. Und das alles zu moderaten Preisen um 15 Euro.

Wem eher nach Fleisch zumute ist, der ist im „**Ryby Net**" („Kein Fisch") im St. Regis Hotel am besten aufgehoben – bei jeder Art von Steak zu akzeptablen Preisen und in der offenen Küche fertiggebrutzelt. Mein Küchenspion Cernko hat noch einen weiteren Geheimtipp: das neu eröffnete „**Syrovarnya**" in einer umgebauten Brauerei gleich neben dem Kiewer Bahnhof. „Das ist eigentlich eine Käsefabrik, die jeden Tag Ricotta, Burrata etc. frisch produziert, während im angeschlossenen Restaurant nicht nur Käse, sondern auch gute italienische Küche serviert wird!"

Noch authentischer wird nur im „**LavkaLavka**", nicht weit vom Bolschoi-Theater, gekocht – nämlich nach russischen Rezepten aus dem 18. Jahrhundert. Beispiele gefällig? Geräucherter Kürbis, Pancakes mit Gänse-Prosciutto, Zander mit Koriander, Hirsch mit Zwiebelringen. Und alles kommt aus Bauernkooperativen, die ihre Köstlichkeiten auch im Restaurant-Shop anbieten.

Bevor wir Moskau verlassen, noch ein Hinweis auf Cernkos Wirkungsstätte: Auf der Dachterrasse des „**Ritz Carlton**", in der „**O2 Lounge**", hat man den besten Ausblick auf Moskau – vom Roten Platz bis rüber zur oberen Moskwa. Zumindest einen Drink sollte man sich nach einem anstrengenden Moskau-Tag dort oben gönnen.

Auch in St. Petersburg mit seinen berühmten weißen Nächten lässt sich's gut essen und trinken. Die Parallele zur „**O2 Lounge**" in Moskau ist die „**Brasserie Bellevue**" auf der Dachterrasse des Kempinski. Zur bereits erwähnten Kamtschatka-Krabbe und Kaviar bis zum Abwinken kommt ein 360-Grad-Panorama mit Blick auf die alte Zarenstadt mit dem Winterpalast.

Wer die High Society von St. Petersburg treffen will (meistens Freunde oder Profiteure des einstmals als Petersburger Vizebürgermeister amtierenden Präsidenten Putin), der muss entweder ins „**Blok**" oder ins „**Il Lago**" pilgern. In Ersterem kann man die besten

Dr. Schiwago

Steaks und in Zweiterem die beste italienische Küche der Stadt an der Newa verkosten. Die Preise sind entsprechend, die Qualität aber auch. Schließlich werfen wir noch einen Blick in die Petersburger Szene zu Evgeny Vikentiev vom „**Hamlet & Jacks**", wo man zwischen „Ours", also einer modernen, russischen Karte, und „Theirs", einem internationalen Menü, wählen kann. Ich habe mich für das „Unsrige" entschieden – Rehcarpaccio aus Sibirien, Entenbrust aus Rostov mit, schon wieder, roten Rüben.

Aber ein Besuch von Petersburg ohne Schiffstour ist vor allem im Juni, wenn es nie richtig finster wird, einfach undenkbar. Am seriösesten ist das Restaurant-Boot „**Volga-Volga**". An meinen letzten Bootsausflug dieser Art kann ich mich noch gut erinnern. Auf Einladung des größten Petersburger Fernsehsenders gab es Fisch und Wodka satt, ein Monsterfeuerwerk in der Dämmerung, aber eine Rückkehr ans rettende Ufer erst am frühen Morgen. Wir mussten nämlich auf den verspäteten Ministerpräsidenten Medwedew warten, der per Motorboot das Schiff enterte, um die TV-Gäste zu begrüßen. Ja, und knapp nach vier hat er mir dann die Hand geschüttelt. Unvergesslich ...

Café Pushkin

~ MEINE TIPPS ~

Moskau

Modern

White Rabbit
whiterabbitmoscow.ru

Twins Garden
twinsgarden.ru

Dr. Schiwago
drzhivago.ru

Erwin
rekamoreokean.ru

Traditionell

Café Pushkin
cafe-pushkin.ru

Ryby Net
en.novikovgroup.ru/restaurants /ryby-net/

Syrovarnya
en.novikovgroup.ru/restaurants /syrovarnya/

LavkaLavka
lavkalavka.com

St. Petersburg

Modern

Brasserie Bellevue
kempinski.com/st-petersburg

Hamlet & Jacks
hamletandjacks.ru

Traditionell

Blok
blok.restaurant

Il Lago
illago.ru

Auf dem Schiff

Volga-Volga
ginza-volga.ru

Kopenhagen, Stockholm

Das „Noma“ und seine Schüler

Um den sagenhaften Aufstieg der skandinavischen Küche und vor allem des „Noma“ zum besten Restaurant der Welt ranken sich viele Geschichten.

Wahr ist, dass der Name aus der Zusammensetzung aus den ersten Silben der dänischen Wörter „Nordist“ (also nordisch) und „Mad“ (also essen) entstanden ist. Und die Grundidee für die „Zurück zur Natur“-Küche entstand durch Rezepte aus einem alten Überlebenshandbuch der schwedischen Armee. Der Tenor des Rezeptbuches: „Wie überlebt man zu Kriegszeiten nur mit den Produkten, die einem die skandinavische Natur in Wald und Flur liefert?“

Und so kam es eben zur berühmten neuen skandinavischen Küche des **„Noma“** – mit Beeren und Gräsern, mit einfachen Garmethoden und alten Feuerstellen, mit allem, was man in der skandinavischen Welt erjagen, erfischen oder – wie die berühmten Noma-Ameisen – in irgendeiner Art und Weise für ein Menü verwenden kann.

Hauchdünne norwegische Pferdemuscheln

Nach dem Riesenerfolg in Kopenhagen hat sich René Redzepi eine längere Pause gegönnt und zwischenzeitlich mit Pop-up-Restaurants in Australien und an der mexikanischen Riviera Maya Furore gemacht. Jetzt ist er wieder in seine dänische Heimat zurückgekehrt. „Redzepi hat hier nicht nur ein neues Restaurant mit viel Holzcharme, sondern gleich ein ganzes ‚Noma-Dorf‘ aufgebaut – mit Experimentalküche daneben, Glashäusern, Aquarien für lebende Meeresfrüchte, Terrarien für die Ameisen, mit Gärten und Feldern!“, sagt A-la-Carte-Chefredakteur Christian Grünwald, der es schon besucht hat. Besonders beeindruckt war er von den 30 Jahre alten norwegischen Pferdemuscheln, die hauchdünn aufgeschnitten und mariniert serviert werden. Übrigens, von den 20 Gängen sind 16 dem Seafood gewidmet.

Aber die skandinavische Küche besteht nicht nur aus René Redzepi und seinem **„Noma“**. In Kopenhagen haben sich ungezählte

„**Noma**“-Schüler selbstständig gemacht, einige mit großem Erfolg. Sie haben die Nordic Cuisine weiterentwickelt und bei ihnen bekommt man sogar kurzfristig einen Platz, beim „**Noma**“ muss man sich ja zumindest ein halbes Jahr im Vorhinein auf eine Warteliste setzen lassen.

Zwei der – sehr eigenständigen – „**Noma**“-Ableger kann ich besonders empfehlen. Ins „**108**“ in Christianshavn geh ich am liebsten. Der Industrie-Chic ist zwar etwas kalt, aber die dänischen Möbel bringen etwas Atmosphäre. Und erst das Essen: Chef Kristian Baumann serviert seine Weiterentwicklung der nordischen Küche in Tapas-Portionen – von kleinen grünen Erbsen mit Pinienkernen über den Hummer mit Himbeeren bis zu „Steamed Greens“ mit Chicken.

Ein bisschen verrückter geht's im „**Geist**“ zu, auf der anderen Seite der Bucht, unkonventioneller und lauter, aber mit erstklassiger Küche. Sozusagen ein Einsteigerlokal für die nordische Küche, denn die Preise sind auch für kleine Brieftaschen erträglich – 40 Euro fürs Mittags- und 60 Euro fürs Abendmenü. Zu verkosten gibt es gekochten Spinat mit Walnüssen und Minze, Austern mit Stachelbeeren, Krabben mit Kartoffelpüree und Spanferkel mit Macademia-Nüssen. Ich garantiere Ihnen, das Essen im „**Geist**“ ist nicht nur gut, sondern macht auch Spaß!

Schon seit längerem etabliert und mit Michelin-Sternen ausgezeichnet, sind das „**Kadeau**“ und das „**Relae**“, deshalb schon etwas

Ekstedt – Küchenchef Niklas Ekstedt

teurer. Das Tasting-Menü (Kalbsbries mit wildem Knoblauch, Steinbutt mit Spargel und Austern) im „**Kadeau**" ist aber sein Geld wert, während das „**Relae**" mehr den Schwerpunkt auf Kräuter und Gemüse legt, die auf dem nahe gelegenen Bauernhof von Chef und Restaurantbesitzer Christian Puglisi zu 90 Prozent selbst angebaut werden.

Nicht zu vergessen sind natürlich zwei Toplokale: das „**Geranium**", mit drei Sternen höchstdekoriertes Restaurant in Kopenhagen, und das „**AOC**" im strahlend-weißen Gewölbekeller eines alten Ziegelbaus. Mir sind, ehrlich gesagt, beide zu steif, mit riesigen weißen Tischtüchern und dezent flüsternden Kellnern, „Fine dining" ohne Charme.

Da widme ich mich lieber einer traditionellen kulinarischen Einrichtung der Dänen, dem Smorrebrod. Kleine Brote, belegt mit allem, was kalt in der Küche ist – vom Eiaufstrich, dem eingelegten Hering bis zu Schinken und Hühnercurry. So ein Smorrebrod leisten sich die Dänen entweder zum ausgedehnten Frühstück oder gleich als Lunch. Ich genieße diese dänische Spezialität am liebsten im „**Told & Snaps**", das vor allem auf Fischiges spezialisiert ist. Oder auch im „**Ol & Brod**", wo mehr Fleischiges angeboten wird. Aber immer gibt's einen ordentlichen, eiskalten Acquavit dazu, zum Verdauen keine schlechte Idee. Wer aber Smorrebrod original konsumieren will, den schicke ich ins alteingesessene Restaurant

„**Schonnemann**". Der eingelegte Hering, angerichtet auf drei verschiedene Arten, ist wirkliche Spitzenklasse. Und man ahnt, wie Kopenhagen kulinarisch vor dem „**Noma**"-Boom aufgestellt war.

Über Heu gegrilltes Fleisch, Erdbeeren aus dem Ofen

Ein paar hundert Kilometer weiter nordöstlich in Stockholm hat die neue nordische Küche mit etwas Verspätung Einzug gehalten. Einer der nachrückenden Gastronomen hat aber tatsächlich dem ganzen „Natürlich"-Trend einen neuen Dreh gegeben. Niklas Ekstedt kümmerte sich von Anfang an weniger um die Rohmaterialien an sich, sondern mehr um die Technik: „Durch die Kälte in Skandinavien war Feuer zum Überleben notwendig. Und damit das Feuer nicht ausging, musste man auch bei sehr hoher Hitze und über offenen Flammen kochen!", erzählt er. „Und genau diese Art des Kochens – über offener Flamme – hab ich für mein Restaurant „**Ekstedt**" weiterentwickelt."

So wird bei ihm alles über der Feuerstelle im Restaurant zubereitet: der mit Wacholder geräucherte Steinbutt, das über Heu gegrillte Rindfleisch und sogar die Erdbeeren mit Hafer kommen aus dem Holzofen. Das „**Ekstedt**" ist tatsächlich ein Erlebnis, die 120 Euro für das „feuerfeste" Menü zahlen sich aus.

Relae

Natürlich gibt es auch in Schweden, vor allem in Stockholm, traditionelle Fine-Dining- Restaurants, die sich ebenfalls der neuen nordischen Küche verschrieben haben. An der Spitze steht nach wie vor das „**Frantzén**". Schwedens Superstar Björn Frantzén ist aus seinem beengten Lokal in der Altstadt in ein Stadthaus aus dem 19. Jahrhundert umgezogen. Dort wird auf drei Stockwerken gekocht und gegessen, und angeblich stehen 10.000 potentielle Gäste auf der Warteliste, um sich von ihm dort bekochen zu lassen. Dabei kostet das Menü deutlich über 300 Euro. Dafür gibt es ein Spektakel, das kein Luxusprodukt auslässt. Hummer, Fisch, Seeigel, Kaviar, garniert natürlich mit viel frischem Gemüse und viel Theater. Fünf Stunden lang (wirklich!) wird eine Show abgezogen, die man so noch selten erlebt hat. Da gibt's Cocktails und Amuse Gueule im ersten Stock, am Tisch einen Stock drüber wird gekocht, zerlegt, flambiert – ein Abend für alle Sinne. „Die Gäste wollen heutzutage etwas erleben und nicht nur einfach essen", sagt Frantzén über sein Gourmet-Theater.

Fisch pur am Stockholmer Hafen

Wem das zu kompliziert, zu langwierig, zu teuer ist, der kann auch ins Kaufhaus „Nordiska Kompaniet" pilgern. Denn das hier angesiedelte Restaurant „**Bobergs**" hat Frantzén vor kurzem übernommen, renoviert und natürlich mit seiner Küche bestückt. Dort kann man Arctic Char, Skrei aus den nördlichen Gewässern oder die herrlich knackigen Shrimps von der schwedischen Westküste günstig verkosten – und daheim erzählen, dass man bei Frantzén gegessen hat.

Zwei Jungstars muss man noch erwähnen, die im „**Lilla Ego**" ein nordisches Bistro-Konzept umgesetzt haben. Tom und Daniel präsentieren keine Speisekarte, sondern schreiben, was angeboten wird, auf eine schwarze Tafel – bunt gemixt von Matjes mit Apfel und Ei bis zum Kabeljau mit Brokkoli und Algen. Sie werden mal, so prophezeien meine Stockholmer Feinschmecker-Freunde, in die Fußstapfen des Björn Frantzén treten. Solange sie noch hier sind, sollte man sie jedenfalls zu zivilen Preisen verkosten.

Aber wenn man in Stockholm ist, sollte man sich zumindest einen Abend lang vor allem dem Fisch pur widmen – ohne Sperenzchen, ohne „am" und „um", ohne „mit" und „bei", ganz einfach Fisch pur genießen. Und da gibt es zwei Restaurants, die um die Qualifikation als bestes Fischrestaurant eifern. „**Oaxen Krog**" ist direkt am alten Hafen von Stockholm gelegen, mit einem wunderschönen Blick aufs Meer. Natürlich gibt es vorneweg Hering satt und der im Ganzen gegrillte Fisch ist eine wirkliche Delikatesse. Wer's etwas gemütlicher (und auch etwas günstiger) haben will, der geht einfach nebenan ins „**Oaxen Slip**", in diesem angeschlossenen Wirtshaus ist der Fisch garantiert genauso frisch. Das „**Sturehof**" dagegen ist eine Stockholmer Institution. Dort wird, direkt neben dem Stockholmer Food Market gelegen, tagtäglich gedämpft, gebraten, gegrillt, was am Fischmarkt gegenüber gerade frisch reingekommen ist.

Fazit des Skandinavien-Trips: Es gibt nicht nur das Mittelmeer, liebe Leute. Sondern auch die Ostsee. Und dort leben noch Fische, Muscheln, Shrimps etc. Und die neue skandinavische Küche ist eine Reise nach Kopenhagen oder Stockholm wert. Die Menschen sind locker und die Küche ist spannend. Sie werden es nicht bereuen.

~ MEINE TIPPS ~

Kopenhagen

Noma
noma.dk

108
108.dk

Geist
restaurantgeist.dk

Kadeau
kadeau.dk

Relae
restaurant-relae.dk

Geranium
geranium.dk

AOC
restaurantaoc.dk

Told & Snaps
toldogsnaps.dk

Ol & Brod
ologbrod.dk

Schonnemann
restaurantschonnemann.dk

Stockholm

Ekstedt
ekstedt.nu

Frantzén
restaurantfrantzen.com

Bobergs Matsal
im Nordiska Kompaniet
nk.se

Lilla Ego
lillaego.com

Oaxen Krog & Oxen Slip
oaxen.com

Sturehof
sturehof.com

Kobarid, Ljubljana

Nicht nur Ana Roš kocht göttlich

Wer an Slowenien und Essen denkt, dem fällt sofort der Name Ana Roš ein. Doch auch in der ehemaligen k. u. k. Hauptstadt Ljubljana (das alte Laibach) gibt es erstklassige mediterrane Küche mit interessanten lokalen Einflüssen.

„Wozu in die Ferne schweifen, sieh, das Gute liegt so nah", schrieb schon Goethe, und umgemünzt auf österreichische Feinschmecker heißt das: Warum nicht einfach ein Stück Richtung Süden fahren, um richtig gut zu essen?

Im kleinen slowenischen Dörfchen Kobarid nahe der italienischen Grenze hat Ana Roš Furore gemacht. Seit sie von „World's 50 Best Restaurants" zur besten Köchin der Welt gekürt worden ist, wird ihre „**Hiša Franko**" von Gourmet-Touristen aus der ganzen Welt überrannt. Sie alle wollen sich Anas Spezialitäten – von Kutteln mit Saubohnen bis Meeräsche mit Roten Rüben – nicht entgehen lassen. Doch Ana selbst ist leider nur noch selten da und meist auf kulinarischer Weltreise.

Die Starköchin wollte eigentlich in Slowenien Diplomatin werden. Bis sie ihren Mann kennenlernte, der eine Stunde westlich von Ljubljana ein Landhaus geerbt hatte. Nix mehr mit der Diplomatie, Ana lernte Kochen – und wie! Heute bezirzt sie ihre Gäste mit Forellen aus dem nahen Soca-Fluss, garniert mit wilden Haselnüssen aus den eigenen Gärten. Ihre zwei Kinder aufzuziehen sei nicht leicht, gibt sie zu: „Aber ich schaffe es, wir wohnen ja alle im gleichen Haus!"

Spanferkel im Schützenturm der Burg

Aber auch in Ljubljana, dem altösterreichischen Laibach, gibt es wirklich gute Küche. Nicht auf dem Niveau von Ana, aber doch auf internationalem Niveau. Von der wirklich heimeligen Altstadt am Ufer des Ljubljanica-Flusses bis rauf zur alten Burg – der Schwerpunkt

liegt überall auf Fisch und Krustentieren. Kaum zu glauben, dass der direkte Meerzugang Sloweniens gerade mal 46 Kilometer lang ist.

Gleich neben der sehenswerten Franziskanerkirche residiert die „**Gostilna As**“ in der Fußgängerzone – draußen ein schöner Gastgarten und drinnen altmodisch-kitschige Gasthauszimmer, wo Patron „Pope“ Raspopovic am liebsten fern jeder Speisekarte seine Spezialitäten serviert: Carpaccio von Lachs oder Thunfisch, kurz angebratene Garnelen, einen mit Kräutern verfeinerten frischen Branzino aus der Adria. Und wen es nach Kohlehydraten gelüstet, der bestellt dazwischen Pasta mit Meeresfrüchten. „Pope“ hat auch alle großen slowenischen Weingüter im Angebot und präsentiert gerne sein ganz persönliches Wine Tasting. Was man dabei wissen muss: Seine Liebe zu Orange-Weinen ist sehr ausgeprägt – wem die nicht so zusagen, der muss ihm das von allem Anfang an klarmachen.

Gemeinsam mit Paradeköchin Ana Roš hat „Pope“ auch ein Wirtshaus im Schloss Ljubljana aufgemacht, das „**Gostilna na gradu**“, in dem er auch Bohneneintopf und andere slowenische Spezialitäten serviert. Am besten nimmt man die Seilbahn auf den Burghügel und genießt den Ausblick auf die Altstadt. Gleich daneben, im Schützenturm der Burg, residiert das „**Strelec**“. Fünf Gänge um 50 Euro, da ist auch das berühmte Spanferkel und eine Schokoladen-Nachspeise für die Naschkatzen dabei.

Monstera Bistro – kreative „Nose to Tail" -Küche

Wer Lust auf Fine Dining hat, ist im „**JB**" von Janez Bratovž, in einem Jugendstil-Gebäude gleich gegenüber dem Hauptbahnhof, am besten aufgehoben. Einmal hat es Janez sogar auf die „World's Best Restaurants"- Liste geschafft. Die Einrichtung ist ein bisschen altmodisch, aber die Küche präsentiert sich alles andere als verstaubt, sondern modern, manchmal auch gewagt. Fohlen-Carpaccio, Pistazien-Ravioli, Makrele aus der Adria, Lamm mit Polenta – alles hervorragend.

Auch für Geschäftsreisende ist die Auswahl in Ljubljana größer, als man denken würde. Nummer eins für den gepflegten Lunch ist das „**Cubo**" mit köstlichem selbst gebackenen Brot und einer mediterranen Auswahl von Oktopus über Tuna bis zum Branzino in der Salzkruste. Das „**Maxim**" liegt zwar etwas unglücklich zwischen Tiefgarage und Supermarkt, drinnen ist's aber modern und gemütlich zugleich, mit sehr moderaten Preisen speziell für den Lunch. Überhaupt laden die Lunch-Preise in Ljubljana zum Ausprobieren ein. Der jüngste und sehr populäre slowenische Chefkoch Bine Volcic kocht in seinem „**Monstera Bistro**" im Laibacher Kongresspark Fusion Cuisine mit slowenisch-skandinavischem Touch. Zu Mittag drei Gänge um 19 Euro, am Abend sieben Gänge um 50 Euro – da kann man die Kongress-Kantine links liegen lassen und die paar Schritte rüber ins Bistro machen ...

Zwei Laibacher Gasthäuser muss man speziell erwähnen. Die „**Gostilna Krpan**" ist für alle Fischliebhaber ein Pflichtbesuch. Zwar etwas außerhalb, in einer unwirtlichen Gegend gelegen, aber in dieser Laibacher Institution werkt Inhaber Darko Simoncic noch selbst.

„Bei mir gibt's nur Seafood, das ich am selben Tag eingekauft habe!", sagt er, während er eine Platte Sashimi von Scampi fertigstellt. Nur mit Öl und ein bisschen Zitrone – herrlich! Das Tataki vom Thunfisch wird am Tisch zubereitet und die frische Dorade grillt er ganz langsam über dem Holz von Weinstöcken. „Davon bekommt der Fisch ein besonderes Aroma!", sagt er. Ja, stimmt. Auch das **„Špajza"** (auf Deutsch die Speisekammer) unterhalb der Burg ist ein Laibacher Traditionslokal mit schönem Gastgarten und altmodischer Wirtshaus-Dekoration. Der Bruder kauft auf dem Markt ein und die Schwester steht hinterm Herd. Das **„Špajza"** ist mehr auf Fleisch spezialisiert, von Rindersteaks bis zu Kalbsmedaillons, Kaninchen und – irgendwie haben die Laibacher offensichtlich ein Faible dafür – Fohlen-Carpaccio und Fohlen-Steak.

Eine echte Klobasse - geschützt von der EU

Eine Spezialität darf man sich natürlich in der slowenischen Hauptstadt nicht entgehen lassen. Die echte Klobasse oder Krainerwurst – die man sich trotz Protestgeschrei aus Österreich sogar von der EU schützen lassen hat. Und die Beste dieser Spezies wird in einem kleinen Stehbuffet gegenüber der Nikolaus-Kirche serviert. **„Klobasarna"** heißt der erweiterte Würstelstand, und man kann ihn nicht verfehlen: Vor dem Eingang baumelt eine dicke Klobasse ...

~ MEINE TIPPS ~

Kobarid

Hiša Franko
hisafranko.com

Ljubljana

Gostilna As
gostilnaas.si

Gostilna na gradu
nagradu.si

Strelec
kavalgroup.si

JB
jb-slo.com

Cubo
cubo-ljubljana.com

Maxim
facebook.maxi.si/en/restaurant-maxim/

Monstera Bistro
monsterabistro.si

Gostilna Krpan
gostilna-krpan.si

Špajza
Gornji trg 28,
1000 Ljubljana
Tel: +386 1 425 30 94

Klobasarna
klobasarna.si

Barcelona

Die Adrià-Brüder und ihr Gourmet-Theater

Barcelona ist ein einziger Feinkostladen. Und zwei Brüder haben mitten in der Stadt eine Art kulinarischen Vergnügungspark der Extraklasse geschaffen – mit einem Spitzenlokal, wo man sich wie in einem modernen Theater fühlt.

Wir sitzen im kleinen Vorgarten seines „**Tickets**“ in Barcelona. Albert Adrià grüßt Mitarbeiter und Freunde und erzählt von seinen ganz großen Plänen. Ein Telefonanruf, ein paar Mal „Si, si“ und der lockere Albert ist gar nicht mehr so locker. „Ferran ist im Anmarsch, wir testen heute alle unsere Lokale durch“, sagt er und fährt sich nervös durchs Haar. Denn Bruder Ferran ist nicht irgendwer, sondern der bekannteste Koch der Welt – und auch der einzige, vor dem Albert zittert. Ein bisschen jedenfalls.

Die ungleichen Brüder. Hier Ferran, nicht nur Koch-Genie, sondern auch Marketing-Genie. Sein „**El Bulli**“ hat ihn weltweit bekannt gemacht, er war Stargast bei der Documenta in Kassel, kein TV-Bericht über die wichtigsten Köche der Jetzt-Zeit kommt ohne ihn aus. Jetzt sitzt er im „Bulli Lab“, seit er das „Bulli“-Restaurant zugesperrt hat. In einem der unzähligen Hinterhöfe von Barcelona wälzt er Pläne und Theorien vom Ursprung des Kochens bis zur Zukunft des Essens. „Ich koche nur mehr für Freunde“, sagt er. Das öffentliche Kochen hat er an seinen Bruder übergeben.

Dort Albert. Eher scheu, zurückhaltend. Er hat für Ferran gekocht, vor allem für die Desserts war er im „Bulli“ zuständig. Doch seitdem sich der umtriebige Ferran zurückgezogen hat, ist der schüchterne Albert ins Rampenlicht getreten. So nach dem Grundsatz, einer muss es ja machen. In fünf Jahren hat er ein kleines Imperium mit fünf Restaurants im Süden von Barcelona geschaffen. Abseits der Touristenströme, zehn Minuten von den Ramblas entfernt. Bruder Ferran steht ihm mit Rat und Tat zur Seite. „Wenn er Zeit hat“, schränkt Albert ein. Aber man kann davon ausgehen, dass er nicht nur einmal pro Jahr testend von Lokal zu Lokal wandert.

Mit dem „**Tickets**" hat es begonnen, das zweite Leben der Adrià-Brothers. Ein Ecklokal mit 60 Sitzplätzen, ein wenig an die Kino-Vorräume erinnernd, mit kleiner Bar, ein paar Theken, mit Popcorn-Maschine und Design-Sesseln. Spaß sollten die Gäste haben, locker sollte es sein, ruhig ein bisschen lärmig, ein modernes Design-Wirtshaus. Also eigentlich das Gegenteil vom berühmten „**El Bulli**" – aber trotzdem gut, mit den populärsten Gerichten von damals. Falsche Oliven, die im Mund zerplatzen, die Mini-„Airbags" mit Manchego, die Shrimps mit green Peppers und das Milchferkel auf einer Mini-Ciabatta. Und das alles erschwinglich – um 60 Euro is(s)t man dabei.

„Wir waren vom ersten Tag an erfolgreich, die Bude war voll – und Gott sei Dank ist es bis heute so geblieben", erinnert sich Albert. Kein Wunder, denn nur an der Avinguda del Parallel im Sant-Antoni-Viertel von Barcelona konnten sich die eingefleischten „El Bulli" -Fans einen sentimentalen Nachschlag holen. Aber das „**Tickets**" war nur der Auftakt: „Ich wollte einen kulinarischen Vergnügungspark schaffen – mit verschiedenen Lokalen, in denen traditionelle Küche neu angeboten wird." Und so wuchs und wuchs das Adrià-Imperium „Barcelona 5.0". Schräg gegenüber die „**Bodega 1900**" mit viel Schinken und Wermut, auf der anderen Seite das „**Pakta**" mit raffinierter japanisch-peruanischer Küche und weiter oben, aber auch nur einen Steinwurf entfernt, das „**Hoja Santa**" und „**Nino Viejo**", ersteres mit mexikanischer Designküche und

Letzteres als Mex-Tapas-Bude.

„Das ‚Fine Dining' der alten Ära funktioniert nirgends mehr", erklärt Albert. Die kalte Atmosphäre in den noblen Sterne-Tempeln, die unnahbaren Kellner mit leicht erhobener Nase und – wenn's ganz blöd kommt – mit weißen Handschuhen, diese Distanz zwischen Küche und Gästen, die braucht heute keiner mehr. Da hat er recht, der Albert. Und recht hat er auch mit dem Business-Konzept. Denn es funktioniert: Fast 100.000 Menschen pro Jahr lassen sich von ihm in seinem kulinarischen Vergnügungspark verköstigen. Manche planen ein Adrià-Wochenende: Freitag japanisch, Samstag zu Mittag spanisch und am Abend mexikanisch oder ins „**Tickets**".

Albert Adrià gerät in der lauen Abendluft von Barcelona ins Schwärmen: „Viele haben mir gesagt, so schnell kann man nicht fünf Restaurants hochziehen, innerhalb von nur fünf Jahren. Aber ich sage Ihnen, das ist wie eine Familiengründung. Wenn man die Kinder in kurzer Zeit hintereinander bekommt, dann hat man mehr Spaß damit und man ist noch immer jung, wenn sie Teenager werden." Abrupt springt er aus dem Sessel und läuft zur Straßenecke. Dort ist gerade Bruder Ferran vorgefahren. Ein Restaurant-Manager übernimmt das Parken und die Brüder umarmen sich.

Heute inspizieren sie ihr neuestes Meisterwerk, das „**Enigma**" sieben Häuser weiter vom „**Tickets**". Drei Jahre haben sie geplant, gebaut und es schließlich 2017 fertiggestellt. Auf 1000 Quadratmetern werden nur 24 Gäste pro „Sitzung" bekocht und von 40 dienstbaren Geistern in der Küche und im Service betreut.

Wie auf einem Parcours wandern die Gäste von einem Restaurant-Spielort zum nächsten. Im ersten Raum werden die Vorspeisen serviert und man bestellt den Wein für den Abend. Dann geht es weiter an die Fischtheke, wo Austern, Seegurken und Shrimps vor den Augen der Gäste angerichtet werden. Weiter zum Grill, dort gibt's das erste Mal auch ein bisschen Fleisch, und dann in den Speisesaal, der wie ein Heiliger Gral eingerichtet ist. Dort gibt's endlich die Hauptspeisen, allerdings auch in kleinen Portionen: fünf Mal, von der wilden Taube über See-Anemone bis zur Walnuss mit Kaninchenhirn, was wahrscheinlich nicht bei jedem Freude auslösen wird ... Und last, but not least, warten im Raum 5 die

Desserts. Liebevoll ziselierte Früchte, Sorbets, Schokokreationen und was sonst noch das Herz eines Süß-Essers höher schlagen lässt.

„Das Tasting Menu muss Rhythmus und Melodie haben und es muss immer eine Interaktion zwischen den Köchen und den Gästen geben", sagt Mastermind Albert Adrià. „Und deshalb führen wir die Menschen von einer Kochstelle zur nächsten." Zweieinhalb Stunden dauert der ganze Gourmet-Spaziergang, länger, so meint man hier zu Recht, wollen die Gäste nicht herumsitzen. „Wir sind ja nicht in einer Wagner-Oper."

Natürlich ist das Ganze auch nicht billig, 300 Euro muss man schon pro Person auf den Tisch legen. Aber es ist ein fantastisches Spektakel, eine vergnügliche Gourmet-Tour, die man nicht bereut. Keine Frage, das „**Enigma**" gehörte schon vom ersten Tag an zu den Top-Lokalen in Barcelona. Und mittlerweile auch zu den besten Lokalen der Welt.

Der Traum der Adrià-Brüder ist aufgegangen. In ihrem Viertel in Barcelona gibt es alles aus einer Hand. Der kulinarische Vergnügungspark ist mit dem „**Enigma**" vollständig geworden.

~ MEINE TIPPS ~

Das Imperium der Adriá-Brüder

Tickets
ticketsbar.es

Bodega 1900
bodega1900.com

Pakta
pakta.es

Hoja Santa und Ninjo Viejo
hojasanta.es

Enigma
elbarri.com/restaurant/enigma

Best of Barcelona

Disfrutar
es.disfrutarbarcelona.com

Bicnic
bicnic.com

Dos Palillos
dospalillos.com

Beste Tapas-Bar

Cal Pep
calpep.com

Beste Weinbar

La Vinya del Senyor
Plaça de Santa Maria, 5, 08003 Barcelona

Bester Markt

Mercat de la Boqueria
boqueria.barcelona

Baskenland

Zwölf Sterne in drei Tagen

Nirgends kann man Kunst und Essen so gut verbinden wie im Baskenland. San Sebastián und Bilbao haben gemeinsam 27 Sterne - und das Guggenheim-Museum ist ohnehin eine Sensation.

Lokalaugenschein vor Ort: Von den 27 Sternen habe ich zwölf Sterne-Lokale in drei Tagen verkostet. Mein Favorit seit 20 Jahren ist und bleibt ein von außen unscheinbares Häuschen am östlichen Stadtrand von San Sebastián. Das „**Arzak**" ist ein Gourmetrestaurant zum Wohlfühlen. Gegründet von Vater Juan Mari und jetzt geführt von seiner Tochter Elena.

„Schön, dass Sie wieder bei uns sind!", empfängt sie in perfektem Deutsch, schließlich hat sie hierorts die deutsche Schule mit Auszeichnung absolviert. Seit mehr als 20 Jahren ist das Vater-Tochter-Lokal nicht nur für mich die Nummer eins. Klassische baskische Küche in moderner Umsetzung, nicht übertrieben, einfach grandios. Ein Kukuruzbrot mit der Tinte von Sepia, der beste weiße Tuna meines Lebens – natürlich vom Bauch – mit einer Sauce von Melonen und Pinien, eine butterweiche Taubenbrust. Und zum Abschluss ein Kirsch-Granité auf Mojito-Eis, einfach, aber genial.

50.000 Weinflaschen, aus Kellermangel im ersten Stock bei zwölf Grad konserviert, gehören natürlich zum Stolz des Hauses. Im zweiten Stock darüber „ordiniert" noch immer Vater Juan Mari. 1400 Gewürze habe er im Laufe der Jahre in seiner Alchemisten-Stube zusammengetragen und er arbeitete mit der Tochter und den Köchen tagtäglich an neuen Kreationen, sagt Elena: „Ich bin froh, dass er noch immer mitmacht, gemeinsam sind wir wirklich ein gutes Team."

Geeister Hecht, Austern mit Grammeln

Zweite Station unserer kulinarischen Rundreise ist das „**Mugaritz**" in einem skandinavisch anmutenden Farmhaus, 20 Minuten südlich von San Sebastián. „Nur" zwei Michelin-Sterne, aber dafür Nummer neun auf der „World's 50 Best"-Liste: Hochgepriesen, aber gewöhnungsbedürftig. Wenn „**Arzak**" der ideale Platz für uns

Mugaritz

Gourmet-Normalos ist, dann kann man Alan Mugaritz als den Extremisten unter den baskischen Küchenstars bezeichnen.

Honigwaben als Vorspeise (die kleben noch Stunden später an den Zähnen, vielleicht deshalb die bereitgelegten Zahnbürsten in den Toiletten), gepresster, geeister Hecht, Austern mit Grammeln, Banane mit fermentiertem Rindermark, Blutwurst mit Bohnen und ein rohes Tataki vom Lamm. Wer das verweigert wie meine Frau, kriegt dann ein Fohlen-Steak, eine eigenartige Alternative, die natürlich unter Protestgeheul der anwesenden (pferdeverliebten) Tochter ebenfalls zurückgeschickt wird. Nun gut, interessant war's allemal. Und wenn man in der Gourmetszene mitreden will (muss man das?), jedenfalls ein Must.

Erbaulicher, freundlicher und geschmacklich für unsereins zugängiger präsentiert sich das „**Azurmendi**" knapp vor den Toren Bilbaos. Auf dem Weingut des Vaters hat Eneko Atxa ein Glashaus mitten im Grünen errichten lassen. Die Vorspeisen werden in der Küche und im angeschlossenen Kräutergarten serviert, an kleinen Spießen reingesteckt in die Erde. Die schmecken auch dem Fräulein Tochter, das sich mit Chips und Trüffel-Ei vom Fohlenschock erholt.

Überhaupt ist das „**Azurmendi**" ein Familienlokal. Viele Gäste bringen ihre Kinder in den Gourmettempel mit – kein Wunder beim Drei-Sterne-Kindermenü um wohlfeile 35 Euro für Nudeln, Kroketten und Steak mit Pommes frites. Die Erwachsenen müssen schon ein wenig tiefer in die Tasche greifen, 220 Euro

Azurmendi

für alles zusammen – 26 Gänge und eine Drei-Stunden-Kücheninszenierung, die nie langweilig wird. Wie hatte mich ein Gourmetfreund so richtig eingestimmt: „Du musst das betrachten wie eine Opernaufführung bei den Salzburger Festspielen, das ist Küchentheater hier, nix zum Sattessen."

Und es ist eine sympathische Aufführung – vom halbgaren Hummer mit Crispy Sticks (aus dem Panzer geformt) über Rotbarbe (erst frittiert mit Kaviar, dann geröstet und schließlich mit rotem Paprika gegrillt) bis zum Schweineschwanzerl mit Anchovis und dann viel Schokolade zum Dessert. Dass nicht nur der bekennende Feinspitz, sondern auch Frau und Tochter mit einem zufriedenen Lächeln ins Guggenheim-Museum weiterziehen, spricht für die Küche des „**Azurmendi**".

Aber auch zu normalen Preisen gibt's hier was Anständiges zu essen. Denn das Baskenland ist ja auch für seine Pintxos bekannt – sozusagen höherwertige Tapas, die man in den Altstädten von San Sebastián und Bilbao in den kleinen Bars um zwei bis fünf Euro flächendeckend angeboten bekommt. Alles belegte Brote, würde der Wiener sagen – aber welche: mit Paprika und Sardinen, mit Krabbensalat, mit Schinken, mit Fleischbällchen, mit gebackenem Kabeljau, mit Steak und, und, und. Allerdings aufgepasst, denn die qualitativen Unterschiede – nach dem Motto

„Die Touristen merken das ohnehin nicht" – sind gewaltig. Also genau hinschauen und vergleichen, bevor man irgendwo zugreift.

Freundin Elena Arzak empfiehlt in San Sebastián das „**Ganbara**" für traditionelle Pintxos, das „**A Fuego Negro**" und das „**La Cuchara de San Telmo**" für die moderne Variante, leichter und weniger fett. Die Tipps sind natürlich gut, ich kann's bestätigen. Und in Bilbao hab ich die besten Pintxos im „**Irrintzi**" (einfach) und in der „**Bar El Globo**" (raffiniert) gegessen.

„Recht viele Deutsche und Österreicher sind hier im Baskenland", sagt Elena zum Abschied. Seit es vermehrt billige Direktflüge ab 65 Euro aus deutschen und österreichischen Landen gibt, kann man sich ja dann vielleicht doch das eine oder andere Sternelokal leisten ...

~ MEINE TIPPS ~

San Sebastián

Spitzenküche

Arzak
arzak.es

Mugaritz
mugaritz.com

Martin Berasategui
martinberasategui.com

Traditionelle Küche

Portuetxe
portuetxe.com

Kaia Kaipe
kaia-kaipe.com

Rekondo
rekondo.com

Pintxos

Ganbara
ganbarajatetxea.com

A Fuego Negro
afuegonegro.com

La Cuchara de San Telmo
lacucharadesantelmo.com

Bilbao

Spitzenküche

Azurmendi
azurmendi.biz

Nerua
neruaguggenheimbilbao.com

Zortziko
zortziko.es

Tratitionelle Küche

La Ribera
lariberabilbao.com

Mandoya
restaurantemandoya.com

Pintxos

Irrintzi
irrintzi.es

Bar El Globo
barelglobo.es

Madrid
Glasaale, Seegurken und Spanferkel

Schinken und Wein bis zwei Uhr morgens - dazu das spanische Lebensgefühl. Madrid ist ein Hotspot für Genießer.

Mein erstes kulinarisches Abenteuer in der spanischen Hauptstadt liegt schon Jahrzehnte zurück – und endete desaströs. Ich landete, eingewiesen von meinen spanischen Gastgebern, irgendwann in einer lautstarken Bodega neben dem übel beleumundete Restaurant „**Horcher**". Dort wurde mir die Spezialität des Tages serviert: Angulas, auf Deutsch: Glasaale.

Glasaale, das ist der (junge, dünne, fingerlange) Aalnachwuchs, der bis heute in Spanien als Delikatesse ersten Ranges gilt. Damals gab's noch genug davon, heute sind sie fast ausgefischt und kosten 1.000 Euro (!) pro Kilo. Sie werden mit Knoblauchscheiben im heißen Öl serviert, man fischt sie mit langen Holzzangen aus der braunen Tonschale. Und es kam, wie es kommen musste. Die kleinen Würmer entglitten mir, fielen zurück ins heiße Öl, und dieses wiederum verteilte sich gleichmäßig über Hemd und Anzug. Und das bei einem „Staatsbesuch", peinlich, peinlich.

Bloody-Mary-Sorbet, Manchego Soufflé

Warum diese durchsichtigen Miniaale als Spezialität gelten, weiß ich bis heute nicht. Sie sind mehr oder weniger geschmacklos, Glasnudeln würden den Gaumen auf gleiche Art befriedigen. Aber zwischenzeitlich hat ja die spanische Küche einen gigantischen Schritt nach vorne gemacht und hält in der internationalen Kulinarik einen Spitzenplatz. Heute gehe ich in Madrid am liebsten ins „**Coque**" in Chamberi im Norden der Hauptstadt. Dort bietet Küchenchef Mario Sandoval ein Gourmetspektakel der Sonderklasse – auf 1100 Quadratmetern, verteilt auf zwei Etagen, für 70 Personen. Das kulinarische Event beginnt in der Bar, wo zu einem Bloody-Mary-Sorbet Seegurke und Garnele serviert werden.

Coque

Weiter in den fantastischen Weinkeller, wo es Beef Tatar, Kartoffel-Macarons sowie einen alten Tio Pepe gibt, während in Station Nummer drei, mitten in der Küche, ein Manchego-Soufflé hergestellt und dann von den Gästen andächtig verzehrt wird. Dann erst geht's zu Tisch und munter weiter mit zehn Gängen von der Gänseleber über den Oktopus bis zum krossen Spanferkel.

Wer die moderne spanische Küche probieren will, hat in Madrid aber noch einige andere, preiswertere und unkomplizierte Alternativen. Im „**Cebo**", fünf Minuten von der Puerta del Sol entfernt, zeigt ein Schüler von Küchenpapst Ferran Adrià, was er bei diesem gelernt hat – von Schweinsfüßchen mit Seegurke bis zum Entengulasch. Oder im „**DSTAgE**" (schreibt sich wirklich so, warum auch immer), wo die spanische Küche mit mexikanischen und japanischen Einflüssen „fusioniert" wird.

Muscheln mit Sake, Pulpo mit Chimichurri

Wem das noch immer alles zu „fancy" ist: „Ganz normal" und gut isst man zum Beispiel im „**Sala de Despiece**", einer umgebauten Fleischhauerei. Dort kann man an einer langen Theke, auf Barhockern thronend, die neue spanische Küche zu moderaten Preisen (alles unter 20 Euro) verkosten – vom Spargel mit Kokoscreme und Zitronengras über die Muscheln mit Sake, den Pulpo mit Chimichurri bis zu den Gambas mit Passionsfrucht und zum Beef Tatar auf Fladenbrot. Oder Sie gehen ins „**Fismuler**", in die

DSTAgE – Tinuca Maestro

Fismuler – Navajas gratinada

„**La Tasquería**“ oder ins „**TriCiclo**“ – dort versuchen die Küchenchefs die traditionelle, eher fleischige Küche Madrids modern aufzupeppen, sodass man nachher nicht unbedingt eine halbe Flasche Carlos Primero braucht, um den Magen vom Fett zu regenerieren.

Wir bleiben bei den einfachen Gelüsten und deren Befriedigung. Nur ein paar Schritte unterhalb der Plaza Mayor befindet sich ein anderes meiner Lieblingslokale. Zugegeben, dort wird man auch viele Touristen finden, aber es ist unbedingt einen Besuch wert: das „**Botín**“, 1725 vom französischen Koch Jean Botín und seiner asturischen Frau eröffnet, laut Guinness-Buch der Rekorde das älteste durchgehend geöffnete Restaurant der Welt. Im Weinkeller oder oben im ersten Stock inmitten einer nahezu vollständig aus dem 18. Jahrhundert stammenden Einrichtung fühlt man sich tatsächlich um Jahrhunderte zurückversetzt. Das Lamm und das Spanferkel werden noch in einem 300 Jahre alten Ofen zubereitet und zur Nachspeise gibt es die berühmte „Tarta Botín“, eine wunderbar altmodische Cremetorte. Das alles haben schon Graham Greene und Ernest Hemingway genossen, wobei Letzterer das „Botín“ auch literarisch verewigt hat.

Ähnlich sympathisch von gestern wirkt die „**Casa Salvador**“ etwas weiter nördlich von der Innenstadt, „nur“ 80 Jahre alt, aber genauso liebenswürdig verschroben. Das „**Salvador**“ war und ist die Bodega der Stierkämpfer und Stierkampffreunde, wovon man sich anhand von Dutzenden Stierkampffotos an den Wänden auch überzeugen kann. Und die Speisekarte ist genauso traditionell, von gebratener Blutwurst und Chorizo bis zum gefüllten Paprika und dem Ochsenschwanz.

Die beste „Tortilla Espanola" der Stadt

Noch traditioneller wird es nur in der **„Casa Dani"** um die Ecke vom **„Salvador"**, wo die beste „Tortilla española" (das berühmte Erdäpfelomelett) serviert wird. Mehr als 200 dieser Tortillas werden in der Küche pro Tag produziert, und zu Mittag bildet sich eine Schlange vor der Eingangstür, um eine der begehrten Spezialitäten zu ergattern.

Was wäre ein Madrid-Besuch ohne Schinkenverkostung? In dem von den Madrilenen geliebten **„Museo del Jamón"** (gibt es dreimal in der Hauptstadt) kann man den Serrano- und Bellota-Schinken nicht nur einkaufen, sondern auch vor Ort genießen. Samt vielen anderen warmen und kalten Tapas, die entweder an der Museumstheke oder im angrenzenden Restaurantsaal kredenzt werden. Und das bis zwei Uhr in der Früh. Damit man den Madrid-Besuch mit einem ordentlichen Wein-plus-Schinken-Absacker beenden kann.

~ MEINE TIPPS ~

Coque
restaurantecoque.com

DiverXO
diverxo.com

StreetXO
streetxo.com

Cebo
cebomadrid.com

DSTAgE
dstageconcept.com

Sala de Despiece
saladedespiece.com

Fismuler
fismuler.com

La Tasquería
latasqueria.com

TriCiclo
eltriciclo.es

Botín
botin.es

Casa Salvador
casasalvadormadrid.com

Casa Dani
casadani.es

Museo del Jamón
museodeljamon.es

Prag

Fette Enten haben ausgedient

Zeitgemäße, leichte Regionalküche ist in Prag immer noch eine Seltenheit, aber immerhin zu haben. Daneben gibt es eine Gasthausszene, die vor allem mit einem vielfältigen Bierangebot punktet.

Nein, das wunderschöne Prag ist nicht für seine Gourmettempel bekannt. Hier hat man mehr für Bier als für Wein übrig und mehr für eine fette Ente als für eine fein ziselierte Hochküche. Und außerdem ist Essen und Trinken in Prag nach wie vor eher eine Frage der Quantität als der Qualität. Ein Mann kämpft seit nunmehr 20 Jahren gegen den Trend: Tomáš Karpíšek, schlank und drahtig und somit das Gegenteil des herkömmlichen, nicht nur böhmischen Klischee-Kochs. Der junge Tomáš sammelte seine ersten Erfahrungen als Chefkoch im Hotel Forster im Stubaital. Mit 23 Jahren ging er aus Tirol in seine Heimat zurück, um – wie er mit einem Lachen sagt – der „berühmteste Koch Prags zu werden". Erfolgreich wurde er aber als Geschäftsmann, sein Imperium umfasst heute 14 Restaurants, Gasthäuser und Cafés. Selbst kocht er nicht mehr, er lässt andere kochen. Und zwar auf hohem Niveau.

Schweineohren mit Pilzen, Rindszunge mit Birne und Senf

Mit einem ganz besonderen Restaurant hat er sich seinen Gourmet-Traum verwirklicht: „**La Degustation Bohême Bourgeoise**" ist der komplizierte Name, der ausdrücken soll, dass man sich hier voll auf eine verfeinerte böhmische Küche spezialisiert hat und alles in Miniportionen serviert. Das kleine Lokal mit 40 Sitzplätzen ist nach einer Renovierung heller, freundlicher, gemütlicher geworden. Fine Dining hat heutzutage auch etwas mit Wohlfühlen und weniger mit steifen Kellnern und noch steiferen Servietten zu tun.

Das „**La Degustation**" hat einen Michelin-Stern und ist eines von zwei ausgezeichneten Lokalen in der ganzen tschechischen Republik. Darauf sind sie stolz hier – und das zu Recht. Das große Menü hat elf Gänge, aber keine Angst, die Portionen sind von der Größe her eben eine „**Degustation**". Praktisch alles stammt aus der Gegend, von regionalen Fleischhauern und Bauern. Nur der Trüffel

kommt aus Italien. Eine Kostprobe: Ziegenkäse mit Roten Rüben und Kren, Wels mit Kohlrabi und Dille, ein Stück Zander mit Kohl und Spinat, Schweineohren mit Pilzen, Rindszunge mit Birne und Senf und zum Schluss Powidl mit Topfen.

Und um die tschechische „National"-Verkostung vollkommen zu machen, gibt's dazu nur tschechische Weine, von denen die meisten aus Mähren, ganz nahe an der österreichischen Grenze, kommen. Ganz billig ist der Spaß allerdings nicht – für tschechische Verhältnisse sogar verdammt teuer. 125 Euro fürs große Menü und 78 Euro fürs Wein-Pairing kann sich der ausländische Gast leichter leisten als das tschechische Publikum. Übrigens, nicht nur speziell für die Fastenzeit, sondern ganzjährig für alle diejenigen, die generell dem Alkohol abhold sind, serviert man im „**La Degustation**" auch ein Juice-Pairing, mit knapp 30 Euro deutlich wohlfeiler. Die elf verschiedenen Juices sind manchmal etwas gewöhnungsbedürftig, aber immer interessant. Da werden nicht nur Trauben und Johannisbeeren entsaftet, sondern auch Kohlrabi, Sellerie, Kohl, Kastanien, Kartoffeln und Walnüsse. Alles im Keller selbst gepresst.

Nur 300 Meter weiter befindet sich das zweite Lokal, das den gastronomischen Ruf der Prager retten will. „Sie ernähren sich ausschließlich von Enten und Spanferkeln", hatte der boshafte Gastrokritiker Wolfram Siebeck vor einiger Zeit angemerkt.

Im fröhlich-lauten „**Field**“ dagegen hat sich Chef Radek Kašpárek eine puristische böhmische Küche ausgedacht, sozusagen „back to the roots“ – und das ist durchaus wörtlich gemeint. Alles, was auf tschechischen Feldern wächst, wird originell zu Fisch und Fleisch kombiniert. Kürbis und Äpfel zu den Schnecken, Sonnenblumenkerne und Knoblauch zum Bries, Kohlrabi zum Zander und Karfiol zum Lamm.

Dinieren beim Fernsehkoch Kašpárek

Wenn Chef Kašpárek auf Schäumchen und anderen dekorativen Firlefanz verzichten würde, wäre er eine echte Konkurrenz zum „**La Degustation**“. Aber Kašpárek ist im Hauptberuf Fernsehkoch, bekannt geworden durch opulente Kochsendungen; da zählt, wie wir wissen, die Dekoration oft mehr als der Geschmack. Leider hält ihn sein Fernsehengagement auch öfters von der Arbeit im eigenen Lokal ab – aber der Gast kann beruhigt sein, er hat einen sehr talentierten Souschef engagiert.

Auch im „**Field**“ versucht man, den tschechischen Wein zu promoten. 15 verschiedene stehen auf der Karte, die besten sind ein Veltliner vom Gut Lahofer und ein origineller Blanc de Pinot Noir, beide aus der Gegend von Znaim, da schmeckt man das Weinviertel. Beim tschechischen Rotwein bittet selbst der freundliche Sommelier um Nachsicht: „Da nehmen wir vielleicht etwas Italienisches, da sind wir noch nicht so weit ...“

Und noch zwei Tipps, wo man sich um eine neue tschechische Küche bemüht: Das „**Eska**“ im ersten Stock eines Kino- und Supermarktgebäudes – laut und gut, frisches, selbstgebackenes Brot und dazu große Schüsseln mit geräuchertem Beef Tatare und Zwiebeln oder Huhn mit dunklem Bier und Pilzen. Und dann gibt es noch das neue Restaurant von TV-Masterchef Jan Punčochář, der etwas außerhalb der City im „**U Matěje**“ in Prag sechs Spezialitäten „mit halb so viel Kalorien wie normal“ serviert.

Bevor wir uns der eher typischen tschechischen Landesküche mit Bier und Ente nähern: Natürlich kann man in Prag auch passabel „ausländisch“ essen. Das beste American Steak gibt's bei „**George Prime Steak**“ in der Altstadt. Dazu kalifornische Weine und fürs Geschäftsessen ein Extrazimmer mit „Captain's Table“ und exklusiver Betreuung durch den Küchenchef höchstpersönlich. In „**Zdenek's Oyster Bar**" findet man das beste Seafood der Stadt. Und wer auf die Cucina Italiana nicht verzichten möchte, geht ins „**La Finestra**", wo man Enten-Tortellini, Risotto mit Jakobsmuscheln und einen perfekten Seeteufel aufgetischt bekommt. Oder ins romantische „**Divinis**", dort werden bei Kerzenlicht Ossobuco und Kalbsbäckchen serviert.

Asiatisches kann man in der Riesenhalle des „**SaSaZu Clubs**" genießen (na ja, „genießen" ist bei diesem Lärmpegel vielleicht zu hoch gegriffen). Hier pflegt man eine adaptierte Hakkasan-Küche mit Sushi und Sashimi, mit Röllchen und Spießchen, ganz ordentlich, nicht mehr.

Aber ganz ehrlich, worauf freut man sich trotz aller Gourmet-Allüren kulinarisch am meisten, wenn man nach Prag fährt? Zugegeben, auf ein ordentliches Bierlokal. Es muss ja nicht immer Fine Dining sein, und der tschechische Wein ist ohnehin erst am Anfang seiner Entwicklung. Aber eine Warnung ist angebracht: Die meisten der bekannten Lokale haben sich in den letzten Jahren immer mehr zu Touristenfallen entwickelt. Vor dem berühmten Gasthaus „**Švejk**", benannt nach dem braven Soldaten Schwejk, oder vor der gar nicht uncharmanten Bierhalle des „**U Fleků**" laden die Busse Heerscharen von Touristen ab, die dann mit Begeisterung überteuertes Pilsener bestellen.

Süffiges Pilsner und Prager Schinken

Wir sollten also wählerisch sein. Und das muss man bei geschätzten 150 Bierkneipen in Prag auch. Da hilft nur Rat von Einheimischen. Die Prager Freunde Alan und Martin einigen sich schließlich nach längerer Diskussion auf dreimal alt und einmal neu. Vier Gasthäuser, die es lohnt, bei einem Pragaufenthalt zu besuchen.

Nummer 1: Die Bierstube „**U zlatého tygra**", also „Zum Goldenen Tiger", im Herzen der Prager Altstadt existiert seit genau 200 Jahren. Sie war schon immer ein Treffpunkt der Dichter und Denker und in der kommunistischen Zeit ein demokratisches Widerstandsnest. Der eine oder andere Freund des Prager Frühlings wurde direkt vom Biertisch zum Hauptquartier der Geheimpolizei eskortiert, erzählt man sich heute noch. Václav Havel hat seinen amerikanischen Präsidentenfreund Clinton dort verköstigt, und auch die heutigen Politchefs führen ihre Gäste am liebsten zum „Goldenen Tiger". Gemütlich und originell: ein herrlich süffiges Pilsener um 1,50 Euro für den halben Liter, ein Prager Schinken um 3 Euro und ein Schweinskotelett um 5 Euro. Da freuen sich Herz und Brieftasche. Sonst noch Wünsche?

Mehr Biersorten vielleicht. Dann ist man im **„Zlý časy"** – der **Nummer 2** – richtig. Mehr als 40 Biersorten gibt's vom Zapfhahn, auf drei Etagen – und trotzdem spürt man die typisch tschechische Gasthausatmosphäre. Wegen des Essens sollte man allerdings nicht hingehen, da passt der Name **„Zlý časy"** – „Böse Zeiten": Bierkäse aus Olmütz und kleine Steak Tatar sind der Höhepunkt der Küche und dienen weniger dem Geschmack als der Fülle des Magens, um doch noch ein weiteres Bier zu kippen.

Weniger Bier, aber besseres Essen bietet **Nummer 3** – das **„Pivovarský dům"**, eine Mikro-Brauerei, in der täglich acht bis zehn verschiedene Biersorten zubereitet werden. Natürlich gibt es das bekannte Lagerbier, dunkel oder hell, aber auch einige exotische Spezialbiere: Weichsel-Bier, dunkles Kaffee-Bier, Bananen-Bier (Weizen mit Bananenaroma) oder gar das dunkelblaue Heidelbeer-Bier. Muss man nicht haben, aber eine originelle Bierverkostung ergibt das allemal. Die Gebratene Ente oder die Schweinsstelze (alles unter 10 Euro) liefern die notwendige Grundlage, um tatsächlich alles probieren zu können.

Nummer 4 der Bierkneipen ist ein Geheimtipp in der Altstadt. Das **„Katr"** gibt sich modern und rustikal zugleich, mit hellen, sauberen Tischen und freundlicher Bedienung, was in derartigen Gasthäusern – das muss man offen sagen – nicht überall der Fall ist. Und ebenso untypisch: Hier wird nicht nur hervorragendes Pilsener Bier vom Fass gezapft, die 1-a-Weinkarte verhilft auch Nicht-Biertrinkern zum Genuss. Wer will, kann sein eigenes Steak auf dem Tischgrill braten, oder er delektiert sich an gut zubereiteten Spezialitäten: von der Schweinssülze über Räucherwürste oder Gänseleber bis zum Wildschweingulasch.

Nicht gerade diättauglich, das stimmt. Aber wer tags zuvor die Miniportionen im **„La Degustation"** oder im **„Field"** konsumiert hat, darf auch mal über die Stränge schlagen. Denn, wie fasst es Restaurateur Tomáš Karpíšek zusammen: „Es wird uns nicht gelingen, aus den Tschechen ein Volk von Vegetariern zu machen." Aber vielleicht eines, das sich schön langsam von seinen Wurzeln löst und Qualität der Quantität vorzieht. Beim Trinken. Und beim Essen.

Um die „Palacinky" ist es schlecht bestellt

Für nichts ist die böhmische Küche bekannter als für ihre süßen Nachspeisen: Mohnnudeln, Zwetschkenknödel, Palatschinken. Um die „**Palačinky**" und die süßen „Knedlíky" ist es allerdings heutzutage in Prag schlecht bestellt. Jedes bessere Gasthaus in Wien oder München hat da mehr zu bieten. Daher ein weiterer Appell an die Prager Freunde: Besinnt euch auf eure Tradition und legt bei den Nachspeisen ordentlich zu. Schließlich habt ihr sie doch erfunden ...

~ MEINE TIPPS ~

Le Degustation Boheme Bourgeoise
ladegustation.cz

Field
fieldrestaurant.cz

Eska
eska.ambi.cz/en

U Matěje
umateje1.cz

George Prime Steak
georgeprimesteak.com

Zdenek`s Oyster Bar
oysterbar.cz

La Finestra & Aromi
lafinestra.cz

Divinis
divinis.cz

SaSaZu Club
sasazu.com

U zlatého tygra
uzlatehotygra.cz

Zlý Časy
zlycasy.eu

Pivovarsky dům
pivovarskydum.com

Katr
katrrestaurant.cz

Aus aller Welt

Sydney, Melbourne

Ein Känguru isst man nicht

Die Leute vom „Noma" haben schon gewusst, warum sie ihr Pop-up-Restaurant ausgerechnet in Australien hingestellt haben. Ein Blick nach „Down Under".

Mit Frau und zwei Kindern nach Australien? „Du spinnst!" Selbst die engsten Freunde schüttelten über meine Weihnachtsplanung (im Dezember ist die beste Reisezeit) den Kopf. Zu weit, zu teuer, und das noch mit Kindern. Ich hab's trotzdem gemacht und kann berichten: Es funktioniert. Und sehr gut sogar.

Klar, ein Trip zu den Antipoden dauert länger als nach Mallorca. Doch mit den neuen Fluggeräten ist's gar nicht mehr so kompliziert. British Airways fliegt von London Non-stop nach Perth und Adelaide; Qatar und Emirates tun dasselbe vom Golf her. Und ein Zwischenstopp auf einem Flug mit der Lufthansa über Singapur oder Hongkong macht auch die lange Reise und den Zeitunterschied erträglich.

Wer sich über Flugportale wie „First Class & More" informiert und kurzfristig bei den Sales zuschlägt, kann auch die Kosten erträglich halten. Mit Air China oder China Southern (sehr ordentliche Fluglinien), mit Qatar Airways oder Emirates ab 500 Euro in der Economy oder ab 1.600 Euro in der Business nach Sydney oder Melbourne ist doch ganz passabel. Und wer genug Meilen hat, bucht bei der Lufthansa nach Hongkong und besorgt sich einen günstigen Anschlussflug.

Und die Kinder? Ehrlich gesagt, die haben die Reiserei besser überstanden als die Eltern, die noch einige Tage unter Jetlag von zehn bis zwölf Stunden leiden mussten. Und für die Kids, glauben Sie mir, bleiben die Kängurus und Pinguine, Wale und Delfine unvergesslich.

Nein, ich war nicht von den Tourismusverbänden eingeladen. Ich hab's selbst bezahlt, kann daher unbeschwert schwärmen ... Frühe Australien-Reisende werden sich erinnern. Viel Bier gab's, viel gegrilltes Fleisch oder verbratenen Fisch und abends um neun,

Momofuku Seiobo

halb zehn war Sperrstunde. Ende der 80er-Jahre sperrte mit dem „Rockpool" in Sydney das erste Gourmetrestaurant Australiens auf. Ich saß in einem halbleeren Lokal auf der anderen Seite der berühmten Sydney-Oper, trotzdem war der mutige Gründer Neil Perry voller Optimismus. „Es wird ein bisschen dauern, aber irgendwann werden auch die Australier gute Küche schätzen lernen." So kam es auch.

Heute residiert das **„Rockpool"** in einem Art-Déco-Hochhaus mitten in der City, wo die sechs Meter hohe Restauranthalle an eine Kathedrale erinnert. Und es gibt nicht mehr zwei Menüs zur Auswahl, sondern eine Speisekarte vom Feinsten. Die besten Austern westlich von Tokio, Seafood aus dem Holzkohleofen und zwölf Arten von Steaks und natürlich Neil Perrys Signature Dishes von den Sydney Prawns mit Oliven und Pistazien bis zum Chicken mit gerösteten Artischocken.

Ja, heute zählt die Pacific-Rim-Küche zu den interessantesten auf der Welt. Einflüsse aus Asien, Japan, China und Indien haben mit der Einwandererküche aus England, Frankreich und Italien „fusioniert", die inzwischen hervorragenden australischen (eher roten) und neuseeländischen (eher weißen) Weine vervollständigen das kulinarische Angebot. Der Gourmetreisende kann in Sydney oder Melbourne zwischen 30 Top-Lokalen wählen, ein Angebot, wie es sonst nur in New York, London oder Paris zu finden ist. Die Leute vom **„Noma"** haben schon gewusst, warum sie ihr Pop-up-Restaurant ausgerechnet in Australien hingestellt haben.

Rockpool

In Sydney ist die Dichte an erstklassigen Restaurants natürlich extrem hoch. Um nur einige zu nennen: „**Quay**" direkt über dem Schiffsterminal und das „**Bennelong**" über der Oper vereinen beste Küche und schönste Aussicht auf die Sydney Bay. Und die beste japanische Fusionsküche bekommt man im „**Tetsuya's**" und im „**Momofuko Seiobo**", bei beiden probiert, die schlagen selbst das „**Nobu**".

Von Crocodile-Ribs bis zum Kangaroo-Steak

Melbourne rittert mit Sydney um den Titel um die kulinarische Vormachtstellung. Das „**Attica**" ist gerade zur Nummer eins von ganz Australien gekrönt worden. Dabei kommt der Chef Ben Shewry aus Neuseeland, aber seine Küche ist „hyper-australisch" – von den Bay-Crabs über Emu, Crocodile-Ribs bis zum Kangaroo-Steak. Viel Küchentheater kann man im „**Vue de Monde**" erleben, die Krabbenzangen werden am Tisch auseinandergenommen und die Marshmallows ebendort live flambiert. Mir hat's besonders im „**Cutler & Co**" gefallen, ein Shabby-Chic-Restaurant in einer alten Fabrik, wo der Chef eine Fusionsküche zwischen europäisch (etwa Spanferkel), japanisch (Abalone-Sandwich) und australisch (gebackene Outback-Käfer!) zelebriert.

Apropos Wüstenkäfer: In Australien kann man auch die „echte“ Küche der Ureinwohner kosten und später Originelles erzählen. Etwa, wenn man mit einem Aborigine-Guide durch die Wüste gezogen ist und Feinschmeckerhäppchen konsumiert hat.

Buschtomaten, Buschbohnen, Orchideenwurzeln – alles kein Problem. Aber die wirkliche Spezialität wird unter den Wüstenbüschen ausgegraben. Endoxyla leucomochla ist der lateinische Name der Holzbohrer-Made, die bis zu sieben Zentimeter lang und sehr eiweißreich ist. Sie wird, so erklärt mir der Guide, am besten roh gegessen oder überm Lagerfeuer gegrillt, dann schmeckt sie wie Rührei. Stimmt!

Und noch ein Warnhinweis: Känguru-Steaks (siehe Melbourne) und Känguru-Burger werden heute flächendeckend in ganz Australien angeboten, sie schmecken auch gar nicht übel. Aber wenn Sie es sich mit Ihren Kindern nicht verderben wollen – ich weiß, wovon ich spreche! –, lassen Sie lieber die Hände davon, die Kleinen werden Ihnen das nie verzeihen.

~ MEINE TIPPS ~

Sydney

Rockpool
rockpoolbarandgrill.com.au

Quay
quay.com.au

Bennelong
bennelong.com.au

Tetsuya's
tetsuyas.com

Momofuko Seiobo
seiobo.momofuku.com

Melbourne

Attica
attica.com.au

Vue de Monde
vuedemonde.com.au

Cutler & Co
cutlerandco.com.au

Shanghai

Die Cola-Ente von Shanghai

Die Zeiten von Hund und Katz in Suppentöpfen sind lang vorbei. Die 26-Millionen-Metropole Shanghai bietet auch weit mehr als Pekingente klassisch – ein kulinarischer Streifzug durch finstere Garagen, koloniale Villen und lokale Institutionen.

Er schaut aus wie ein junger Che Guevara mit seinem Fünftagebart und der grauen Schirmkappe, aber Paul Pairet ist Franzose und der mit Abstand beste Koch in China. Sein „**Ultraviolet**" hat nicht nur drei Sterne, sondern findet sich auch weiter oben auf der „World's 50 Best"-Liste und für mich ist es das faszinierendste Restaurant überhaupt.

Aber stopp! „**Ultraviolet**" ist eigentlich kein Restaurant, sondern eine Event-Location, wo nicht nur die Geschmacksnerven, sondern sondern alle Sinne angeregt werden. Mithilfe eines spendablen chinesischen Geldgebers hat Paul Pairet in einem leicht heruntergekommenen Hinterhof von Shanghai sein Lokal gestaltet, nach dem Motto: „Außen pfui, innen hui!" Die Gäste werden in einem kleinen Minibus an einen „geheimen Ort" im Norden der Stadt geshuttlet und durch die dunkle Garage geführt. Auf Knopfdruck öffnet sich die Schleuse, und ein Gourmetparadies tut sich auf.

Nur zehn Personen haben in dem großen Speisesaal Platz. 20 Gänge werden serviert – und jeder Gang ist ein Gesamtkunstwerk. 360-Grad-Video, Sensurround, einströmende Düfte, alles auf den jeweiligen Gang abgestimmt. Bei „Surf-Surf-Turf-Turf" gibt's auf den Teller Austern, Sepia, Foie gras, Ente, auf den Videowänden plätschert auf der einen Seite das Meer und auf der anderen Seite knistert ein Lagerfeuer, und die Beach Boys sorgen mit „Good Vibrations" für die musikalische Untermalung.

Zum Abschluss der Asia-Gänge wird natürlich Ente aufgetischt. An seiner „Beijing-Cola-Duck" hat Chef Pairet zehn Jahre gearbeitet. Die Ente wird in heißem Coca-Cola frittiert, serviert wird dann nur die Entenhaut, knusprig und mit Cola-Geschmack. „Nicht schlecht", wie der skeptische Genussmensch zu sagen pflegt. Und damit die zehn Gäste am riesigen Tisch auch was zu tun haben, dürfen sie ihr letztes Dessert selbst zubereiten: „Mango Master“ aus Mango, Pomelo, Lakritzgelee und Dillsirup. Und das schmeckt sogar, auch wenn sich mancher unbeholfen anstellt.

Paul Pairet ist in China ein Star

Dann öffnet sich wie von Geisterhand die Wand zur Küche und alle strömen zum großen Meister und machen Selfies. „Ja, ich bin inzwischen ein halber Chinese geworden“, lacht Paul und stößt mit mir „Backstage“ mit einem Grand-Cru-Champagner an. Und schwärmt von seinen anderen Restaurants in Shanghai, dem euro-chinesischen „**Mr & Mrs Bund**“ mit wunderschönem Blick (inklusive Terrasse) auf die Shanghai-Skyline und dem „**Polux**“ im riesigen Einkaufskomplex Xintiandi, einem Originalbistro mitten in der 26-Millionen-Metropole.

Da aber ohne langfristige Reservierung und eine prall gefüllte Brieftasche (400 Euro pro Person für das Spektakel) ein Platz im „**Ultraviolet**“ nicht zu ergattern ist, habe ich natürlich auch noch andere Restaurants in der Metropole getestet.

Ultraviolet

Yongfoo Elite

Wer nach etwas gehobener Shanghai-Küche sucht, der wird wahrscheinlich am besten im „**Fu 1088**", einer alten Villa im kolonialen „French Concession"-Distrikt fündig, oder bei „**Yongfoo Elite**", wo man noch ein bisserl vornehmer speisen kann: Enteneier (in Tee mariniert), geräucherter Kabeljau (mit braunen Bohnen), Drunken Chicken (im Reiswein zubereitet), geschmorter Schweinebauch (in einer schwarzen Teesauce) – leicht ist anders, aber eben typisch Shanghai.

Wenn's wirklich einheimisch werden soll, gehe ich am liebsten ins „**Jesse**", eine Shanghaier Institution schon seit den kulturrevolutionären Zeiten – einfach, laut, aber richtig gut, und man trifft Chinesen und wenige Touristen. Trotzdem gibt's seit heuer die Speisekarte, reich bebildert, auch in Englisch – allerdings nur eine einzige verknitterte. Bestellen Sie einfach, was Ihnen am Nachbartisch positiv aufgefallen ist, ein bisschen Mut gehört bei der chinesischen Küche schon dazu.

Auf die berühmte Pekingente wollen wir natürlich auch 1200 Kilometer von der Hauptstadt entfernt nicht verzichten. Und die gibt's meiner Meinung nach am besten im „**Xindalu**" im Hyatt on the Bund, wo der deutsche Chef Sebastian Kellerhoff darauf schaut, dass seine chinesischen Sous-Köche die Enten auf den Punkt garen und die Haut trotzdem zart und knusprig bleibt.

Papierdünne Scheiben vom Tintenfisch

Und noch ein weiterer Geheimtipp: Das vom Namen her französisch anmutende „**Le Patio & La Famille**" hat sich der Hangzhou-Küche verschrieben, einer Region etwas weiter südlich von Shanghai. Das Exterieur im Erdgeschoß eines alten Bürohauses ist altmodisch, die „Namensschilder" des Services befremdlich – „Nr. 6" war meine Tischdame, und der Manager trug stolz die „Nr. 1". Aber sie werden kaum ein Lokal finden, wo die Küche derart exakt arbeitet, bei der Zubereitung und beim Anrichten: papierdünne Scheiben vom Tintenfisch in Sojasauce, gebratene Krabbe mit Reiscake, eine Pyramide aus – wiederum sehr dünnen – Schweinefleischschnitten und Gemüse, alles ein Gedicht.

Wofür die Shanghai-Küche wirklich bekannt ist, sind die berühmten „soup dumplings", Xiaolongbao genannt, Teigtaschen mit Fleisch oder Krabben und einem Schuss Suppenbrühe gefüllt. Reinbeißen und im Mund vereint sich alles – aber bitte aufpassen, oft ist die Suppe brennheiß. Daher lieber ein paar Minuten zuwarten und mit einem kurzen Gabelstich die heiße Luft raus lassen. Wo es die besten dieser Teigtaschen gibt, darüber können die Shanghaier stundenlang streiten. Ich verkoste sie am liebsten bei „**Maggie Chan**" in der Nähe des Bunds, bei „**Din Tai Fung**" (eigentlich eine taiwanesische Kette, die es bis nach New York geschafft hat) oder im Minilokal „**Jia Jia Tang Bao**", wo sich die Shanghaier Geschäftsleute zu Mittag rund um den Häuserblock anstellen, um die angeblich besten Baos der Stadt zu ergattern.

Stimmt schon, die chinesische Küche und im Speziellen die in Shanghai ist für uns Europäer etwas gewöhnungsbedürftig. Aber, ich verspreche es, die Zeit von Hund und Katz im Suppentopf ist lang vorbei, heute kann man die chinesische Kulinarik fast überall ohne Abstriche genießen – wenn man sich auf sie einlässt und ein wenig abenteuerlustig ist. Darauf trinken wir den berühmten chinesischen Getreideschnaps Maotai. Ganbei!

~ MEINE TIPPS ~

Ultraviolet
uvbypp.cc

Mr & Mrs Bund,
mmbund.com

Polux by Paul Pairet
poluxbypp.com

Fu 1088
No. 375 Zhenning Road
200050 Shanghai
Tel: +86 21 5239 7878

Yongfoo Elite
200 Yongfu Rd, Xuhui Qu
Tel: +86 21 5466 2727

Jesse
No.41 Tianping Rd, Shanghai
Tel: +86 21 6282 9260

Xindalu
hyatt.com/en-US/hotel/china/hyatt-on-the-bund-shanghai/shang/dining

Le Patio la Famille
768 JuLu Road, JuFu Mansion
2 Floor
Tel: +86 21 6247 7677

Maggie Chan's
Shanghai Dumplings
669 Honggu Lu, Shanghai
Tel: +86 21 63 29 29 96

Din Tai Fung
New World Plaza South Section,
Lane 123 Xingye Road, Shanghai
Tel: +86 21 68 77 68 86

Jia Jia Tang Bao
90 Huanghe Rd, Huangpu Qu,
Shanghai Shiv
Tel: +86 21 6327 6878

Tel Aviv

Viel mehr als Gefillte Fisch

Am Strand von Tel Aviv ist die Welt noch in Ordnung. Der Krieg scheint weit weg, das Lebensgefühl besonders stark. Dazu die köstliche israelisch-arabische Küche.

Meine erste Begegnung mit der israelischen Küche ist schon einige Jahrzehnte her. Als Reporter im Jom-Kippur-Krieg habe ich gelitten, natürlich wegen des Krieges, aber auch wegen des Essens. Kreplach-Krapfen, gefillte Fisch und Hühnerleber haben mich nicht wirklich begeistert. Gleich am Strand neben dem „Dan Hotel" gab es aber eine Bretterbude, das „Restaurant" einer marokkanischen Jüdin. Dort wurden Zwiebelsuppe, richtige Steaks und ein passabler Rotwein serviert – und dorthin pilgerten die Journalisten aus aller Welt, inklusive meiner Wenigkeit.

Die Bretterbude ist längst Geschichte und die Küche in Israel hat seither nicht nur zugelegt, sondern ist Weltklasse geworden. Und wer sich nach Tel Aviv begibt, kann das nachvollziehen. Zwar gibt es dort jede Menge neuer und schicker Restaurants, aber ich beginne meinen Aufenthalt in Israel immer mit einem Besuch des „**Manta Ray**" am Strand von Tel Aviv. Der Rundbau im Sand hat zwar architektonisch nichts zu bieten, dafür aber die Küche.

Hummus, Taboulé, Couscous

Kaum hat man sich – am besten auf der Terrasse – hingesetzt, wackelt der Kellner auch schon mit einem Tablett daher. Zwölf Mezze, also Vorspeisen, auf kleinen Tellerchen sind drauf. Von Hummus bis zu Taboulé und Couscous-Salat, von gebratenen Calamari bis zu den Shrimps mit Okra ist alles dabei, was nicht nur das vegetarische Herz erfreut. Den Fisch als Hauptspeise kann man sich ersparen, die Filets waren eingefroren. Trotzdem, noch ein Glas vom guten israelischen Sauvignon Blanc (mehr davon später) und die Welt ist in Ordnung. Hier wenigstens, denn weiter im Süden, in Gaza, kracht es wieder einmal und auch an der nördlichen Grenze

zum Libanon herrscht Alarmbereitschaft. Aber so ist's eben in Israel, damit haben sich zumindest die Israelis schon abgefunden.

Am Abend möchte ich endlich die neuen gastronomischen Hochburgen der Stadt besuchen. Chef Yossi Shitrit hat die israelische Küche in den letzten Jahren neu erfunden, inklusive marokkanischer Einflüsse. Im „**Mashya**" und im „**Kitchen Market**" am alten Hafen serviert er Spinatravioli gefüllt mit Shrimps, ein Fish Kebap mit Joghurt oder eine Ochsenschwanzterrine mit Artischocken – am besten probiert und teilt man die Speisen, um einen wirklichen Überblick zu bekommen, was die neue Levante so ausmacht. Noch ein bisschen verspielter und mehr auf „Fine Dining" ausgerichtet gibt sich das „**Messa**". Der Tuna kommt mit Ei und Paprika im Sandwich, die pinken Calamari mit Foie Gras, Yuzu und schwarzer Quinoa und das „Veal Baklava" mit Kokosnuss, Ginger, Zimt und Pistazien.

OCD

Noch zwei Tipps aus der Abteilung „neue israelische Küche". Das „**Popina**" ist eher ein romantischer Hotspot, wo man gemütlich das Menü verkosten kann. Sieben Gänge um 70 Euro immerhin, aber der Schekel hat gerade wieder einmal einen Höhenflug. Im „**OCD**" sitzt man an einer Bar um die offene Küche herum und konsumiert auf 20 kleinen Tellerchen, was sich der Chef so einfallen hat lassen – die Auswahl des Menüs ist kompliziert: „ohne Einschränkungen", „vegetarisch", „vegetarisch mit Fisch", „Menü mit Seafood, aber ohne weißes Fleisch" und dann auch noch „vegan". Wie die Burschen das in der offenen Küche ohne Chaos hinkriegen, bleibt mir ein Rätsel.

Wenn es etwas wilder, lauter und lustiger sein kann, hat Tel Aviv einiges zu bieten. Auch in der Gastronomie. Zum Beispiel das „**North Abraxas**", wo die Gerichte auf Kartonboden oder in Papiertüten serviert werden. Chef Shani lässt verlauten, er glaube nicht an Teller, aber vielleicht graut ihm nur vor dem Abwasch. Egal, die laute Musik, die mit Fleisch und Gemüse gefüllten Fladenbrote und der im ganzen Geröstete Karfiol kommen vor allem bei den jüngeren Gästen blendend an. So gut, dass Eyal Shani diese Spezialität nicht nur in weiteren Lokalen in Tel Aviv, sondern auch in

Paris und Wien serviert – alle unter dem Namen „**Miznon**", hebräisch für „Kantine".

Klassischer Borschtsch, gehackte Leber

Aber einmal in Israel angekommen, muss man unbedingt auch die jiddische Küche, sie ist besser als ihr Ruf, kennenlernen. Am besten im traditionellen „**Keton**" an der Dizengoff Straße, wo man klassischen Borschtsch und gefillten Fisch und gehackte Leber bekommt. Also, die traditionelle osteuropäisch-jüdische Küche, die von den Einwanderern ins gelobte Land gebracht worden ist.

Weiter geht es nach Süden, nach Jaffa, wo Tel Aviv am spannendsten ist. In der Altstadt brodelt es, alle zehn Meter gibt es ein neues Restaurant oder eine Bar oder einen Imbiss mit türkischen, libanesischen, israelischen und arabischen Spezialitäten. Aber wirklich bemerkenswert sind die arabischen Lokale wie das „**Haj Khalil**" gleich beim Uhrturm mit den besten Kebabs.

Und wo gibt's den besten Hummus, aus Kichererbsen mit Limonensaft zum Beispiel. Oder mit Tahine, einer Sauce aus gemahlenen Sesamkörnern. Oder mit gekochten Fava Beans, bei uns

Juno

Kitchen Market

ganz einfach Saubohnen genannt. Meine israelischen Freunde schicken mich zu „**Abu Hassan**“ gleich in der Nähe vom Jaffa-Flohmarkt, ein arabischer Imbiss mit wackeligem Plastikstühlen vor der Türe, aber großartigem Hummus, der täglich hinten in der kleinen Küche frisch angerührt wird. Allerdings sollte man nicht zu spät kommen – denn wenn alles aufgegessen ist, wird zugesperrt.

Beim Wein hört die Emanzipation auf

Beim abschließenden Glas Wein in einer der angesagten Weinbars – zum Beispiel im „**Tasting Room**“, „**Juno**“, „**Par Derriere**“ oder „**Wine Story**“ – sollte man sich intensiv mit den neuen israelischen Star-Winzern aus Galiläa, der Negev-Wüste (ja, dort wachsen an den Hängen der Wadis tatsächlich Trauben) und von den Golan-Höhen auseinandersetzen. Ihre Weine sind wirklich gut, vor allem die Sauvignon Blancs, und meist koscher. Keine Angst, das bedeutet keine unbekannten Zusätze oder Vinifikationen – sondern vor allem, dass keine Frauen an der Erzeugung beteiligt waren. Nix da mit dem Bild von barfüßigen Mädels, die im riesigen Weinbottich die Trauben stampfen. Der Rabbi muss dabei sein und aufpassen, dass von der Pressung bis zur Abfüllung nur strenggläubige Männer Hand anlegen.

So locker es heutzutage in Tel Aviv auch zugehen mag, zumindest beim Wein hat der Rabbi das letzte Wort. Shalom.

~ MEINE TIPPS ~

Restaurants

Manta Ray
mantaray.co.il

Mashya
mashya.co.il

Kitchen Market
kitchen-market.co.il

Messa
messa.co.il

Popina
popina.co.il

OCD
ocdtlv.com

North Abraxass
facebook.com/northabraxass

Miznon
miznon.com

Keton
Keton.co.il

Haj Khalil
facebook.com/pages/Haj-Kahil-Jaffa/102595786506319

Abu Hassan
facebook.com/pages/Abu-Hassan/396398840415380

Wine-Bars

Tasting Room
tastingroom.co.il

Juno
junowine.co.il

Par Derriere
parderriere.co.il

Wine Story
facebook.com/WineStoryTLV

Marrakesch
Winterflucht ins Paradies

Mit seinen pulsierenden Märkten, entspannten Dachterrassenlokalen, paradiesischen Gärten und der unvergleichlichen Küche avanciert Marrakesch zunehmend zur angesagten Winterdestination.

Mohamed streicht sich langsam über seinen grau-weißen Stoppelbart und macht ein schmatzendes Geräusch. „Nirgendwo in Nordafrika können Sie besser essen als in Marrakesch. Das ist einfach so!“ Und Mohamed – leicht gegeltes Haar, braune Galabeya, Lederpantoffel – kennt sich aus. Er war, zumindest behauptet er das, überall in Marokko und an der Mittelmeerküste, bis nach Kairo ist er gekommen. Und ich brauche ihn als Führer, damit ich mich in den engen Gässchen der Medina von Marrakesch nicht verirre – auf dem Weg zum angeblich besten Restaurant der Wüstenstadt.

Raus aus dem Hotel nahe dem legendären Marktplatz Djemaa el Fna, links in Gassenwinkelwerk an der großen Koutoubia-Moschee vorbei und dann rechts hinter einem Ramsch-Juwelier und einem muffigen Stoffgeschäft ein gepflegter, frisch gestrichener Riad, ein kleines Schild an der Eingangstür: „Gastro MK“ nennt sich der Geheimtipp, wo man am besten französische Tradition und marokkanische Wirklichkeit zu vereinen versucht. Kulinarisch zumindest.

Aber neben dem Schild wartet eine Enttäuschung. „Es war eine schöne Zeit, aber jetzt verkaufen wir unser MK und ziehen weiter zu neuen Abenteuern – Paul und Aoibheann“. Aber Mohamed weiß Rat. „Dann gehen wir eben ins zweitbeste Restaurant!“ Das **„Nomad“** ein paar Häuser weiter am Place des Espices, dort, wo der Gewürzmarkt ist. Dort haben zwei andere marokkanische Gastronomen ein altes Teppichgeschäft in ein exzellentes Restaurant verwandelt.

Auf vier Stockwerken wird tatsächlich alles serviert, was die marokkanisch-französische Küche hergibt. Nach dem Linsensalat mit Rote Beete und Ziegenkäse aus Essaouira, den Calamari aus Agadir mit Ginger und Anchovies bestelle ich mir noch eine geschmorte Lammkeule, das Lamm vom Atlasgebirge, mit Kardamom und

Dar Moha – Mezze in bunten Tajines

Anis und als Nachspeise einen Dattelkuchen mit Safran – mehr marokkanisch geht nicht. Und Sie sollten es so machen wie ich: unbedingt einen Platz auf einer der beiden Terrassen reservieren, wo ein 360-Grad-Traumpanorama auf einen wartet.

Man thront sozusagen über der Medina von Marrakesch – mit Blick auf ein halbes Dutzend Moscheentürme, rundherum die quirlige Altstadt, im Hintergrund das majestätische Atlasgebirge und auf der anderen Seite die Vororte, die sich bis hinaus in die Wüste ziehen. „Atemberaubend" ist so ein Klischeewort, aber meine Frau und ich ringen nicht nur wegen der drei erklommenen Stockwerke um Atem, als ein paar Minuten später das nächste Tausend-und-eine-Nacht-Klischee hereinbricht. Von jedem Turm ruft ein Muezzin, schön langsam wird's finster, die Lichter der Stadt übernehmen.

Am Heimweg gönnen wir uns noch einen Minztee auf einer der Café-Terrassen rund um den riesigen Hauptplatz Jamaa el Fna und schauen auf die Dutzenden Artisten und Gaukler, auf die kleinen Teestuben und die Garküchen hinunter. Kann man dort auch essen? Man kann, aber es heißt aufpassen. Fisch, sagen mir die Einheimischen, eher nicht – keiner weiß, wann er tatsächlich das Meer verlassen hat, es könnte schon einige Zeit her sein. Hendl, Merguez-Würste, Kefta, Lamm und Rinderspieße sind ganz appetitlich – aber bitte unbedingt darauf achten, dass alles schön durchgebraten ist. Vorsicht ist auch beim frisch gepressten Saft angebracht, ungefährlicher ist es jedenfalls, etwas aus der Flasche zu trinken. Und marokkanisches Bier ist ohnehin hervorragend.

Eine ordentliche Tajine aus dem Tontopf

Tags darauf wird der Drang nach weiteren marokkanischen Gerichten aber immer stärker. Ganz hervorragend, die Nouvelle Cuisine aus dem Maghreb. Aber darf's nicht auch was Klassisches sein? Ein Couscous – hierzulande wird der Hartweizengrieß nicht gekocht, sondern gedämpft – oder eine ordentliche Tajine mit Rind oder Lamm, direkt aus dem Tontopf und nicht aus irgendeiner chinesischen Billigkeramik. Natürlich gibt es das ganz hervorragend in den Sterne-Hotels wie dem neuen „Mandarin Oriental", dem „Anantara", dem „Four Seasons" oder dem Inbegriff aller orientalischen Luxus-Herbergen, dem „La Mamounia" in der Palmeraie ein paar Kilometer von der Medina entfernt. Dort hat Rolf Sachs, der Sohn des verstorbenen Ur-Playboys Gunther Sachs, seinen runden Geburtstag gefeiert – mit 200 Gästen an einer 200 Meter langen Tafel, die sich quer durch die riesige Gartenanlage gezogen hat.

Nomad

Bô Zin

Aber ganz ehrlich, lustiger und spannender ist es doch, so denk ich mir, in einem der traditionellen Restaurants in der Medina. Im „**Dar Moha**“ zum Beispiel, wo man im Innenhof neben einem kleinen Swimmingpool (im Winter in den verwinkelten Speiseräumen) „echt marokkanisch“ essen kann. Und wahrscheinlich nirgendwo typischer. Zwölf Vorspeisen von Auberginen mit Nüssen und Honig bis zu geräucherten Tomaten und Paprika. Dazu natürlich Mini-Appetizer von Huhn, Taube und Crevetten. Alles um weniger als zwölf Euro. Und bei den Hauptspeisen aus der Tajine kann man zwischen Gemüse, Lamm, Loup de mer und Gambas wählen. Ja, richtig, wie üblich ein bisschen viel Fett, aber ab und zu kann man das ja aushalten.

Im Hof haben sich die Musiker verteilt, die mit schwermütigen arabischen Melodien das Abendmahl begleiten. Und ich erinnere mich an ein Dinner mit dem damaligen deutschen Bundeskanzler Helmut Kohl im Dar Moha. Als Kohl bat, die Musik sollte doch etwas leiser ausfallen, mussten die marokkanischen Musikanten stante pede abtreten, und irgendwie war's nachher gespenstisch ruhig ohne die arabischen Weisen. Aber diesmal bin ich ja ganz unpolitisch da, da dürfen die Musiker ganz beherzt in Tasten und Saiten greifen. Auch wenn die Tischverständigung dadurch etwas zu leiden hat.

Pepe Nero – Loup de Mer

Ein bisschen mehr Romantik gefällig? Das „**Le Tobsil**“ in einem kleinen Sultanspalast präsentiert sich ganz für Abende zu zweit. Und meine Frau ist beeindruckt – von den Kerzenleuchtern am Tisch, den Damasttischdecken, den Rosenhecken und glücklicherweise auch vom Essen. Natürlich gibt's Couscous mit Hühnchen, aber der Hit sind die Pastillas (Pasteten) mit Fisch, Taube oder Gemüse zu Beginn. Und es spielt keine Musik, was noch dazu ungestörte Unterhaltung garantiert.

Meine einheimischen Freunde, die sich – statt wie früher in der Toskana einen Bauernhof zu mieten – einen Zweitwohnsitz in Marrakesch zugelegt haben (man gönnt sich ja sonst nix), dirigieren mich noch zum Lunch an einen weiteren Geheimtipp, ins „**Pepe Nero**“, fünf Minuten vom Hauptplatz entfernt. Während sich die meisten Lokale auf ihre historischen französisch-maghrebinischen Wurzeln besinnen, hat Chef Khalid Essafa seine Erfahrungen in Italien dazu benutzt, eine italienisch-marokkanische Küche zu kreieren. In einem kleinen Palast, fünf Minuten zu Fuß vom

Jemaa el Fna entfernt, präsentiert er einen gekonnten Mix aus beiden Welten: Harira-Suppe aus Kichererbsen und Zuppa di Pesce, die Lammschulter mit Tagliatelle und das Lamm aus dem Tajine-Topf, eine wirklich erstklassige Cassata und ein knuspriger Honig-Mandelkuchen. Das macht Spaß, vor allem nach drei langen Tagen der reinen marokkanischen Küchenlehre.

Drei Kilometer außerhalb der Stadt ist Party angesagt. Das „**Bô Zin**", neumodern Restaurant-Bar-Lounge genannt, ist am Wochenende rappelvoll. Bis 23 Uhr am Abend wird erstklassige asiatische Küche serviert, dann steht Disco-Clubbing im Mittelpunkt. Dancefloor bis zum Abwinken, eine Fashion-Crowd wie in Paris, marokkanische Weine und viel Champagner.

Wir bleiben nicht zu lange, den morgen geht's zum neuen „Wunderwerk" von André Heller. 27 Kilometer von Marrakesch entfernt hat er „Anima – Le Retour du Paradis", eine wunderschöne Gartenanlage, geschaffen – mit Palmen, Kakteen, Bambuswäldern und dazwischen bunt bemalten Kegeln und einem Berberzelt auf dem Hügel. Ein wahrer Traum, den man besuchen muss. Denn schließlich ist man ja nicht nur zum Essen nach Marrakesch gekommen.

~ MEINE TIPPS ~

Nomad
nomadmarrakech.com

Dar Moha
darmoha.ma

Le Tobsil
Derb Abdellah Ben Hessein
R'Mila Bab Ksour, MedinaNomad
Tel: +212 5244-44052

Pepe Nero
pepenero-marrakech.com

Bô Zin
bo-zin.com

Auckland bis Queenstown

Am schönsten Ende der Welt

Zu Besuch bei den Antipoden. Im Norden Sandbuchten und heiße Quellen, im Süden Fjorde und Gletscher. Und überall Schafe, Schafe, Schafe. Ein Eldorado für Naturfreunde und neuerdings auch für Gourmets.

Ich erinnere mich an meinen ersten Neuseeland-Besuch vor 30 Jahren. Kein Blick zurück im Bösen, aber die Fische waren meist bis zur absoluten Trockenheit verbraten, dafür gab's praktisch rohes Lammkarree vom Rost – und die Qualität des Weines war enden wollend. Geschmacklich bewegten sich die Neuseeländer damals noch sehr im Windschatten ihrer englischen Eroberer. Mit anderen Worten: Wegen des Essens und Trinkens ist niemand um die halbe Welt herum zu den Antipoden gereist.

Das hat sich dramatisch geändert. Im Zuge des kulinarischen Aufschwungs in Australien hat sich auch die neuseeländische Küche von der Tradition gelöst und ist heute – neben heißen Quellen und Fjorden – ein guter Grund für den Besuch der Insel am anderen Ende der Welt.

Ganz ehrlich, leicht hatte sie es nicht, die neuseeländische Nouvelle Cuisine. Die Traditionsküche der Maoris, der Ureinwohner, ist keine wirklich beeindruckende. Das Dämpfen von Speisen in einem Erdloch sieht zwar ganz lustig aus, bringt aber kaum geschmackliche Höhepunkte. Später kam dann die englische Küche ins Land, mit Bohnen- und anderen Eintöpfen. Erst die neueren Zuwanderer, die Asiaten – aus China, Japan und Indien – und die Europäer – vor allem aus Italien und Spanien – haben die dröge Kulinarik aufgefrischt. Und aus all diesen Einflüssen ist die pazifische Küche entstanden.

Verkosten kann man sie am besten in den zwei großen Städten der Nordinsel, in Auckland und Wellington. Beide liegen am Meer, daher steht die Fischküche ganz im Vordergrund. Am besten fängt man im „**Harbourside**“ an, wo gegenüber die großen

Kreuzfahrtschiffe anlegen. Alles, was sich im Meer bewegt, kommt hier auf den Tisch: Austern, Muscheln, Krabben, Calamari und der frischeste Fisch nach dem Grundsatz „in der Früh geangelt, mittags ausgeliefert, abends auf dem Tisch".

Im „**Swashbucklers**" am Yachthafen kommen die Prawns halbkiloweise, und der Fisch kommt entweder als Ganzes, gekocht, gebraten oder asiatisch verfeinert als Filet auf den Teller. Noch etwas rustikaler geht's am Auckland Fish Market zu. Dort findet man zwar nur „kleine Gastronomie", dafür macht es aber riesigen Spaß, das große Angebot an Seafood reihum zu verkosten.

Spiny Crayfish mit Safrannudeln und zwei Meere

Ein Geheimtipp versteckt sich im 53. Stock des Sky Towers, einem der Wahrzeichen von Auckland. Der „**The Sugar Club**" zählt zu den drei besten Restaurants Neuseelands. Und das zu Recht. Zum Spiny Crayfish mit Safrannudeln und dem Reh mit Wassermelone und Cashewkernen kommt noch der Ausblick – und zwar auf zwei Meere gleichzeitig, links auf das Tasmanische Meer und rechts auf den Pazifischen Ozean. So viel Ausblick kann selten ein Restaurant irgendwo auf der Welt bieten.

Doch eine Warnung: Auckland ist nett, gemütlich und im wahrsten Sinne des Wortes schläfrig. Die meisten Restaurants nehmen Bestellungen nur bis 19.30 Uhr an, und um 21, 21.30 Uhr am Abend ist's auch schon vorbei. Sperrstunde.

Da geht es in der Hauptstadt Wellington, eine Flugstunde oder sieben Autostunden gen Süden, schon etwas lebendiger zu. Und auch deutlich kreativer. Hier befindet sich das Epizentrum der neuen neuseeländischen Küche, und Chef Paul Hoather ist sozusagen der personalisierte Urknall des kulinarischen Aufschwungs. Anfang der 90er-Jahre eröffnete er sein erstes Gourmetrestaurant, servierte Gemüse aus dem eigenen Garten und ausschließlich Fisch und Fleisch aus der Gegend: „Wir wurden damals noch viel zu stark von der alten englischen Küche beeinflusst, aber schön langsam haben sich die internationalen Trends – frisch, lokal und ohne Schnörkel – durchgesetzt."

Heute hält er bei Restaurant Nummer drei, dem „**Whitebait**", direkt am noblen Yachthafen. Genauso schnörkellos wie das Essen ist auch die Einrichtung, puristisch und praktisch. Eigentlich könnte man auch wunderbar auf der Terrasse sitzen, aber der in Wellington unaufhörlich blasende Wind lädt eher zum Verweilen drinnen ein. Wo man rohe Garnelen mit weißem Pfirsich, in Sauvignon blanc geräucherten Lachs und Languste mit fermentierten Tomaten genießen kann. Für mich eindeutig die beste Seafood-Küche Neuseelands.

Wer's etwas konservativer angehen will, der besucht das eher steife, aber gute „**Logan Brown**", einen Klassiker seit 20 Jahren, wo ebenfalls nur neuseeländische Produkte auf den Tisch kommen. Und wer trotz des nahen Meeres nicht auf Fleisch verzichten will, ist im „**Hippopotamus**" im fünften Stück des Hotels QT Museum mit Blick aufs Meer bei Beef und Lamm gut aufgehoben.

Beim Hangi-Fest wird im Erdofen gekocht

Sie wollen tatsächlich – trotz Geschmackswarnung – die originale Maori- Küche kennenlernen? Dann müssen Sie zwischen Auckland und Wellington in Rotorua bei den heißen Quellen Station machen. In dem Maori-Dorf Whakarewarewa (stimmt so!) werden noch wie einst heißes Wasser und Wasserdampf für die Essenszubereitung verwendet. Das Gemüse hängt in einer Holzbox im heißen Pool, und das Fleisch dünstet im Dampf. Ehrlicherweise: mehr Spaß als große Kochkunst. Die bietet eher der Maori-Chef Charles Royal, der seine neugierigen Kunden mit in den neuseeländischen Busch nimmt, um einheimische Kräuter und Gemüsesorten zu ernten und dann auch original zu verkochen. „Am Schluss gibt's ein Hangi-Fest, bei dem im Erdofen gekocht wird, und wir singen Maori-Lieder am Lagerfeuer!", preist Chef Royal seine Maori-Sause an. Na ja, ein bisschen touristisch, aber wem's Spaß macht ...

Auf der Südinsel dreht sich kulinarisch alles mehr ums Trinken als ums Essen. In den letzten 30 Jahren hat sich Neuseeland dank des einzigartigen Klimas – nicht zu heiß, nicht zu kalt, immer feucht – zu einem Weinland erster Klasse entwickelt. Die Sauvignon Blancs und die Pinot Nwoirs schlagen bei internationalen Verkostungen immer öfter sogar ihre französischen Kollegen. Und beim Preis-Leistungs-Verhältnis ohnehin. Namen wie Cloudy Bay

Auckland Fish Market

oder Villa Maria sind heute auf jeder Speisekarte zwischen Wien und New York zu finden.

Auch deutsche und österreichische Winzer sind am neuseeländischen Weinwunder maßgeblich beteiligt. Die drei Brüder Giesen zum Beispiel, die in Marlborough ein Weingut betreiben. Ebenfalls zu erwähnen sind Kai Schubert und seine Partnerin Marion Deiming. Sie haben im Wairarapa Valley das perfekte Anbaugebiet für ihre Lieblingstraube Pinot Noir gefunden.

Oder Karl Heinz Johner, der mit 30.000 Hektar Anbaufläche und 600 Betrieben Teil des Booms der neuseeländischen Weinwirtschaft ist. Im Frühjahr erntet er in Neuseeland, im Herbst dann am Kaiserstuhl in Deutschland.

Den Steirer Hermann Seifried verschlug's schon in den 70er-Jahren nach Neuseeland, er verliebte sich in eine Einheimische und blieb dort. „Ich komme aus einer Obstbau-Familie in der Südsteiermark, und deshalb habe ich in Neuseeland mit Apfelwein begonnen", blickt der 72-Jährige zurück. „Aber die Obstbäume haben wir bald durch Weinstöcke ersetzt – und heute produzieren wir vier Millionen Flaschen!" 70 Prozent davon gehen in den Export. Applaus für den Steirer, der mitgeholfen hat, neuseeländische Tropfen weltweit auf die Weinkarten zu bringen.

Ein paar Jahre nach dem Steirer hat sich ein Salzburger auf den Weg nach „drüben" gemacht: Rudi Bauer, in Gumpoldskirchen zum Winzer ausgebildet, hat sich ebenfalls auf der Südinsel niedergelassen. „Damals, in den 80er-Jahren, wurde in ganz Neuseeland auf 6.000 Hektar Weinbau betrieben – heute sind es 40.000", erzählt er. Auch er blieb wegen der Liebe. Seine Sue Ellen ließ ihn nicht mehr los und das Winzergeschäft auch nicht. Eine Stunde entfernt von der Adventure-Metropole Queenstown (dort wurde das Bungee Jumping erfunden), in Central Otago, kaufte er sich „ein paar steile Hänge mit nix drauf, nur viele Hasen in der Gegend". 2001 wurde der erste Jahrgang geerntet – Pinot Noir und Pinot Gris. Heute gehört sein „Quartz Reef Estate" zu den angesagtesten Winerys. Und wer will (und das zahlt sich aus), kann seine Weine heute sogar bei Spar im alten Austria kaufen.

Ob bei „**Seifried**" in Nelson am Meer, bei „**Quartz Reef**" am Lake Dunstan oder bei „**Cloudy Bay**" im berühmten Marlborough District – so freundliche Winzer und so unkomplizierte Verkostungen habe ich nirgendwo auf der Welt erlebt. Um zehn bis 15 Euro kann man überall an Spitzenweinen nippen und eine Kleinigkeit essen, bei „**Cloudy Bay**" frische Austern von der Küste und ein Beef Tatar vom heimischem Rind.

Neuseeländisches Lamm in Trüffelsauce

Weil sich im Marlborough District die bekanntesten Produzenten und damit die meisten weinbegierigen Touristen aufhalten, findet man dort auch die besten Restaurants. Zwei davon rittern um den Titel des Besten auf der Südinsel. Im „**Hans Herzog Estate**" im noblen Winzerhaus kostet das fünfgängige Menü 80 Euro und die Weinbegleitung dazu 40 Euro. Dafür gibt's Gänseleber mit Granny-Smith-Kaviar, einen pazifischen Blue Moki mit Ingwer und Zitronengras und neuseeländisches Lamm in Trüffelsauce. Dass bei der Weinbegleitung auch ein Hirtzberger Singerriedel angeboten wird, erfreut den Österreicher – und sicher auch den Franz.

Auch das konkurrierende **Arbour** ist mitten im Weingarten gelegen. Ähnliche Preise, ähnlich kreative „Nouvelle Cuisine": Clams und Miesmuscheln in Buttermilch, Oktopus in Joghurtcurry und Rinderbacken plus Rinderzunge mit schwarzem Knoblauch. Welches der beiden Spitzenrestaurants wirklich besser ist, muss der Gast selbst entscheiden, beide sind einen Besuch wert.
Den Abschluss eines Neuseeland-Trips bildet meist das lebhafte, vorher bereits erwähnte Queenstown. Dort kann man nicht nur einen Abstecher zu Paradewinzer Rudi Bauer machen, sondern auch samt Familie jede Art von Abenteuer bestehen – nicht nur das berühmte Bungee Jumping (mit der höchsten Fallhöhe der Welt),

sondern auch Zip Lining (mit 60 km/h am Seil zu Tale) oder wilde Schlauchbootfahrten durch Flusschluchten (plus 360-Grad-Spins mit Achterbahn-Feeling).

Wer danach trotz Adrenalinschubs auch noch kulinarisch etwas erleben will, ist bei „**Eichardt's**", im „**True South**" direkt am schönen Lake Wakatipu oder im „**Fishbone**" in der Stadt gut aufgehoben. Und ein Geheimtipp: In der Winery auf der Hauptstraße kann man 80 Weine glasweise verkosten, mit ein paar Tapas dazu, damit sich der Alkohol nicht so schnell bemerkbar macht.

Wie sagt der österreichische Wein-Pionier Rudi Bauer so richtig? „Neuseeland ist Natur pur – Landschaft, Meer, Berge, Schafe, Wale, wunderschön. Aber auch der Wein ist heute eine der wirklichen Attraktionen Neuseelands." Und das wird doch wohl einen 22-Stunden-Flug rund um die Welt wert sein.

~ MEINE TIPPS ~

Aukland

Harbourside
harbourside.co

Swashbucklers
swashbucklers.co.nz

Auckland Fish Market
afm.co.nz

The Sugar Club
peter-gordon.net/restaurants

Wellington

Whitebait
white-bait.nz

Logan Brown
loganbrown.co.nz

Hippopotamus
qthotelsandresorts.com

Marlborough

Hans Herzog
herzog.co.nz

Arbour
arbour.co.nz

Queenstown

Eichardt's
eichardtsdining.com

True South
therees.co.nz

Fishbone
fishbonequeenstown.co.nz

Winery
thewinery.co.nz

Weingüter

Giesen
giesen.co.nz

Schubert
schubert.co.nz

Johner Estate
johner-estate.com/de/weingut

Seifried
seifried.co.nz

Quartz Reef
quartzreef.co.nz

Cloudy Bay
cloudybay.co.nz

Kapstadt
Viel Geschmack für wenig Geld

25 Jahre nach Ende der Apartheid ist Südafrika zum Eldorado für Genießer geworden: Safari, Seafood, Spitzenweine - und das dank schwacher Währung zu erstaunlich niedrigen Preisen.

Ein paar Jahrzehnte ist es her, als ich das erste Mal die südafrikanische Küche genossen habe. Wobei „ertragen" wohl das bessere Vokabel ist. Solange die Buren ihre Apartheid durchsetzen konnten, sah die Küche dementsprechend aus: am Grill verbrannte Fleischstücke, der frische Fisch verkocht und der Wein kaum trinkbar. Warum sollte man auch guten Wein produzieren, wenn doch der Weltmarkt aufgrund des UN-Embargos verschlossen war?

Und das ist Südafrika heute, 25 Jahre nach Ende der Apartheid. Originelle und hervorragende Restaurants und Wirtshäuser bieten eine Gastrokultur, wie man sie zumindest in Afrika nirgendwo anders finden kann und die Weinkultur hat einen phänomenalen Aufschwung genommen. Kurz: Südafrika ist heute ein faszinierendes Urlaubsziel geworden. Das nicht nur Safari und Strände, sondern auch hervorragendes Essen und Trinken bietet. Was natürlich vor allem für Kapstadt und die Region rundherum gilt.

Und noch etwas macht das Ziel Südafrika begehrenswert. Des einen – nämlich des Einheimischen – Leid ist des anderen – nämlich des Touristen – Freud. „Dank" hoher Korruption eines unfähigen Präsidenten und leerer Staatskassen im Gefolge hat der Rand total abgewirtschaftet. Noch vor wenigen Jahren bekam man für einen Euro noch zwölf Rand, heute sind es 17. Mit dem Ergebnis, dass man sich auch als Normalo gute Restaurants und guten Wein leisten kann.

Geräucherter King Clip, Ziegen-Lamm-Curry

Die neuen südafrikanischen Küchenstars haben aus afrikanischen, indischen und europäischen Einflüssen einen eigenen Stil entwickelt: „Cape Cuisine" nennen sie ihn und dieser gastronomische Mix macht Spaß. Am meisten in den Restaurants von Starkoch

The Butcher Shop

Luke Dale-Roberts: In der „**Test Kitchen**“ in der Old Biscuit Mill in Woodstock muss man Monate im Voraus einen Tisch buchen, um seinen geräucherten King-Clip-Fisch mit Bohnen oder sein Ziegen-Lamm-Curry zu verkosten.

Leichter findet man einen Platz im Schwesterlokal „**Potluck Club**“, nur 50 Meter weiter im fünften Stock mit Aussicht über Kapstadt. Aufgeteilt in die Geschmacksrichtungen „salty“, „umami“, „sweet“, „sour“ und „bitter“ werden Tapas-Teller mit „Cape Cuisine“ auf die Tische gestellt, von eingelegtem Fisch mit Chili, Beef Tataki mit Koriander bis zum scharfen Peri-Peri-Chicken mit Feta, Pfeffer und Mandeln. Und das Schöne daran: Keiner der Teller kostet mehr als zehn Euro, da lohnt es sich, quer durch die Speisekarte zu probieren. Übrigens, am besten fahren Sie zur Old Biscuit Mill am Samstag, da gibt’s rundherum einen originellen Markt mit Schmuck, T-Shirts und vielen selbstgemachten Delikatessen, die man in die Heimat mitbringen kann.

Wer Chef Luke zum Fine Dining besuchen will, für den hat er seit kurzem auch das „**Shortmarket**“ in der Nähe der Waterfront aufgesperrt – mit der Anmutung eines „Members-Only-Club“, mit viel Leder und einem konkurrenzlosen Lunch-Menü um 20 Euro.

Bleiben wir an der Waterfront, dort finden Sie mein liebstes Fischrestaurant, das „**Panama Jacks**“. Ich garantiere Ihnen, nirgendwo finden Sie eine größere Auswahl an Seafood. Besonders zu empfehlen: der Hummer, entweder von der West Coast oder von der East Coast von Kapstadt – fragen Sie mich nicht, was der geschmackliche Unterschied ist, mir haben beide geschmeckt, angeblich ist der von der West Coast etwas süßlicher. Und wer nachher noch einen wirklich fangfrischen Fisch will, kann unter einem Dutzend verschiedener Sorten vom eingangs erwähnten King Clip bis zu Seehecht, Lachs und Tuna wählen. In der noblen Camps Bay trifft sich die einheimische und die zugewanderte Elite – aus Deutschland Boxpromoter Wilfried Sauerland und Online-Zampano Dirk Ströer, aus Österreich die Medienprofis Uschi Fellner und Andreas Rudas. Im „**Hussar Grill**" für die besten Steaks und im „**Codfather**" für Hummer und Fisch.

Strauß , Impala und Springbock

Für einen romantischen Abend fährt man am besten in die nahegelegene Weinregion, nach Constantia oder Franschhoek zu „**La Colombe**", „**Petite Colombe**" oder „**Greenhouse**". Wo immer Sie einen Tisch ergattern, zuschlagen, das 10- bis 12-gängige Menü genießen und zumindest eine Flasche Wein bestellen. Ehrlich gesagt, bei mir waren's immer zwei oder drei (zum Verkosten, nicht zum Austrinken), was angesichts des Preises von 20 Euro für eine hervorragende Flasche durchaus leistbar ist. Und, Anmerkung am Rande: Keine Angst vor Strauß, Impala oder Springbock auf der Karte: Der Riesenvogel schmeckt wie Huhn und die Savannentiere wie Reh und Hirsch bei uns.

Natürlich darf ein Ausflug in die besten Weingärten der Kap-Region nicht fehlen, am besten kombiniert mit einem Sonntagsbrunch mit den Kindern. Im „**Cavalli Wine Estate**" kann man nicht nur exzellent essen (Gemüse und Salat kommen fast ausschließlich aus dem eigenen Garten), sondern sich auch im 100 Hektar großen

Cavalli Wine Estate

Estate mit der Kutsche herumfahren lassen oder sich sogar selbst in den Sattel setzen.

Noch ein bisschen exklusiver kommt das „**Delaire Graff Estate**“ in Stellenbosch daher. Auf der Terrasse des Landhauses zu sitzen mit Blick auf die Weingärten und die Berge, dazu ein hervorragendes Menü, zur Abwechslung asiatisch angehaucht, da will man gar nicht mehr weg – und das macht auch nichts, denn bei „Delaire Graff“ kann man sich in moderne Lodges einmieten und im Spa noch etwas für das körperliche Wohl tun oder tun lassen.

Zwei Warnungen muss man trotzdem aussprechen: Die Kriminalität ist recht hoch in Kapstadt. Natürlich vor allem in den Townships rund um die Stadt, aber auch im „reichen“ Kapstadt heißt es aufpassen. Keine teuren Uhren oder Kameras präsentieren und das Handy am besten nicht in der Hand halten, sondern in Jacke oder Hosentasche verstauen.

Und Warnung Nummer zwei, aus eigenem Erleben: An der Waterfront kann man in den Weinshops die besten Flaschen südafrikanischen Weins um einen Pappenstiel einkaufen. Die werden dann direkt in die Heimat verschickt – aber dann beginnen die Probleme. Mit Südafrika gibt's kein Zollübereinkommen und, daher sind die liebevoll ausgesuchten Mitbringsel voll zu versteuern, und am Ende kostet alles doppelt so viel, wie man sich das am Kap der guten Hoffnung vorgestellt hat.

~ MEINE TIPPS ~

Test Kitchen
thetestkitchen.co.za

Potluck Club
thepotluckclub.co.za

Shortmarket
theshortmarketclub.co.za

Panama Jacks
panamajacks.net

Hussar Grill
hussargrill.co.za

Codfather
codfather.co.za

La Colombe
lacolombe.co.za

Petite Colombe
lapetitecolombe.com

Greenhouse
greenhouserestaurant.co.za

Cavalli Wine Estate
cavalliestate.com

Delaire Graff Estate
delaire.co.za

Mexiko, Peru, Chile, Kolumbien

Ameisen, Kakteen und ganz viel Chili

Experimentierfreudig, tiefaromatisch und explosiv: Lateinamerikanisch essen ist wie eine Entdeckungsfahrt durch den Dschungel.

Ja, die „Nueva Cocina Latina" ist der neue Küchentrend. Vergessen Sie Bohneneintopf und dicke Maisfladen, Chili con Carne und Tacos mit Faschiertem. Vergessen Sie auch den Hype um die nordische Küche. Foodies aus der ganzen Welt pilgern heute nach Mexiko und Peru, nach Chile und Kolumbien. 13 Restaurants aus dieser Gegend haben es in die weltweite Top-100-Bestenliste geschafft. Sogar das berühmte „Noma" hat vor der Wiedereröffnung in Kopenhagen an der Riviera Maya gastiert. Ganz in den Fußstapfen des Latino-Trends gab's ein „Pop-up- Noma" in Tulum am Strand. Und 7000 gut betuchte Feinschmecker wollten daran teilnehmen – denn einigermaßen vermögend musste man schon sein, schließlich haben René Redzepi und seine Crew fürs Menü 700 Dollar pro Person kassiert.

Seezunge mit geräucherter Chiptole-Chili

Aber es geht auch preiswerter. Wer in Mittel- oder Südamerika Sonne tanken will, sollte bei einer Zwischenlandung in Mexico City auf dem Weg nach Cancún oder an die Riviera Maya unbedingt bei Jorge Vallejo vorbeischauen. In seinem „**Quintonil**" verwöhnt er seine Gäste gemeinsam mit seiner Frau Alejandra auf höchstem Niveau. Auf die begehrte Liste der „World's 50 Best Restaurants" haben es die beiden schon geschafft. Vallejo experimentiert auch gerne mit Escamoles, das sind Ameisenlarven, die unter der Wurzel einer Agave ausgegraben werden und dann zum stolzen Preis von 100 Euro das Kilo ins Restaurant kommen. Ebenso mit Taschenkrebsen, Kaktusfrüchten, Chia-Samen und diversen Chilis. Zugegeben, für die „Nueva Cocina Latina" muss man ein bisschen mutig sein, aber es zahlt sich aus. Ceviche vom Kaktus, Salbut-Tortillas mit Mais und Agavensirup, Seezunge mit geräucherter Chipotle-Chili, Ente mit Mandelpüree – das ist wie eine Entdeckungsfahrt durch den lateinamerikanischen Regenwald.

Quintonil

Im „**Pujol**“ seines Kollegen Enrique Olvera, der zwischenzeitlich als Latino-Star in New York zwei Lokale aufgemacht hat, gibt es Menüs mit sechs bis acht Abenteuergängen für unter 100 Euro. Bei den Desserts muss man allerdings aufpassen. Meiner damals zehnjährigen Tochter hat man im „**Pujol**“ das Sorbet mit Tequila übergossen und angezündet. Offensichtlich sind mexikanische Kinder schon im frühen Alter an kleine Alkoholproben gewöhnt.

Begonnen hat die Latino-Revolution, die sich auf ursprüngliche Azteken-, Maya- und Indio-Gerichte beruft, allerdings in den Anden. Der „Urknall“ passierte in Peru, wo durch die asiatischen Einwanderer auch japanische Einflüsse in die Küche eingebracht wurden. Bestes Beispiel dafür ist Meisterkoch Nobu Matsuhisa, der – aus Lima ausgewandert – diese peruanisch-japanische Fusionsküche erst nach Los Angeles gebracht und dann mit seiner „Nobu“-Kette in der ganzen Welt verbreitet hat. „Am meisten hab ich in meiner Zeit in Peru gelernt“, hat er mir einmal erzählt. „Nirgendwo gibt es so viele und verschiedene Sorten von Wurzeln, Samen, Kräutern, Gemüsen – und dann kommen die japanischen Einflüsse dazu!“

Von Lima aus kann man den Amazonas oder die sagenhafte Inkastadt Machu Picchu besuchen, aber vorher oder nachher sollten sich Genießer zumindest zwei Genusstage in der Hauptstadt gönnen, wo die ursprüngliche lateinamerikanische Küche ihre Heimat hat. Im „**Central**“, das als Nummer eins aller Latino-Restaurants weltweit gilt, im „**Maido**“ oder im „**Astrid & Gastón**“ muss man sich

Central – Höhenmenü „680 m"

zwar viel Zeit nehmen (bei einem Dutzend oder mehr Gängen ist das auch notwendig), aber es lohnt sich.

Seeschnecken, Oktopus und Bergkartoffeln

Vor allem das „Höhenmenü" des **„Central"** begeistert ein alter Freund hat es auf seiner Rundreise durch Lateinamerika vor kurzem verkostet. Dort werden die einzelnen Gänge auf der Speisekarte mit Ursprungshöhenangaben versehen – von den Seeschnecken und dem Oktopus, die aus minus zehn Metern kommen, bis zum Schwein aus 1800 Metern und den Bergkartoffeln aus 3500 Metern. Dass Chef Virgilio Martínez das meiste selbst geerntet hat, glaube ich ihm nicht ganz, aber Hauptsache, es ist frisch.

Sein Kollege Diego Muñoz, der das **„Astrid & Gastón"** raufgekocht hat und jetzt als Botschafter der Cocina Latina kulinarisch um die Welt jettet, philosophiert über den Erfolg der peruanischen Köche: „Schau, das liegt in unserer DNA – einerseits die Einflüsse aller Ahnen, Eroberer und Einwanderer und dann die ungeheure Vielfältigkeit unserer Produkte." Stimmt, mit den 2500 Kartoffelsorten kann nicht mal der burgenländische Paradeiserpapst Stekovics mithalten. Und er bringt es immerhin auf ein paar Hundert Tomatensorten.

Kräuter aus der Wüste, Regenwasser aus Patagonien

Etwas südlicher in Santiago de Chile treibt's Rodolfo Guzmán noch ein wenig radikaler mit der Betonung der Regionalität. In seinem **„Boragó"** serviert er chilenische Kräuter aus der Atacama-Wüste,

Meeresaale, die am selben Tag vor Valparaíso oder Concepción gefangen wurden, rohes Tartar von bestimmten heimischen Rinderrassen und Regenwasser aus Patagonien – ernsthaft, er lässt es dort in großen Behältern auffangen und nach Santiago bringen. Alles sehr puristisch, für mich ein wenig überdreht, aber offensichtlich grenzgenial – bei meinem letzten Besuch waren zwei der drei Roca-Brüder (drei Michelin-Sterne!) aus dem spanischen Girona zum Verkosten da.

Und last, but not least, noch ein Besuch in Kolumbien: In Bogotá ist Leonor Espinosa als beste Köchin Lateinamerikas ausgezeichnet worden. Bei ihr im „**Leo Cucina y Cava**" zu essen wird manche an das TV-Dschungelcamp erinnern. Die Zitronenameisen etwa, die Leonor pulverisiert über die Anden-Kartoffel streut, um ein ganz spezielles Zitronenaroma zu erzielen. Noch zwei Mal stehen Ameisen auf der Karte, einmal als Brei, einmal die fliegenden geröstet. Aber auch vieles andere ist gewöhnungsbedürftig: der Fisch mit den Seeschnecken, gefolgt vom wilden Meerschweinchen mit roten Bohnen und am Schluss als Dessert Palmenherzen mit Zabaione. Dazu serviert Tochter Laura nicht nur Wein, sondern verschiedene Gemüsesäfte, zum Teil frisch gepresst, zum Teil vergoren oder destilliert. Mir hat's trotzdem geschmeckt. Na ja, zumindest interessant war es.

~ MEINE TIPPS ~

Mexiko

Quintonil
quintonil.com

Pujol
pujol.com.mx

Chile

Boragó
borago.cl

Kolumbien

Leo Cucina y Cava
restauranteleo.com

Peru

Central
centralrestaurante.com.pe

Maido
maido.pe

Astrid & Gastón
astridygaston.com

Bangkok
Gourmettempel und Garküchen

In der pulsierenden thailändischen Metropole konkurrieren Garküchen mit Gourmettempeln. Berühmt hat sie Jay Fai gemacht, die berühmteste Straßenköchin der Welt.

Die Skibrille im heißen Bangkok ist ihr Markenzeichen geworden. Mit diesem Trumm auf der Nase kann ihr der Funkenflug der kleinen Garküche nichts antun. **Jay Fai** ist in ihrem Element: Sie stochert in der Holzkohle rum, dann die Pfanne drauf, Eier, Krebsfleisch angerührt, frische Kräuter, ein bisschen von ihrer geheimen Gemüsepasta dazu – und fertig ist die berühmte Krebsomelette.

Ja, Jay Fai ist über 70 und wohl die bekannteste Straßenköchin der Welt. Für ihr Streetfood, nur ein paar Minuten vom Goldenen Palast entfernt, hat sie einen Michelin-Stern erhalten. Und seither stehen nicht nur Einheimische, sondern auch Heerscharen von Touristen vor der Garküche an, um ihre Thai-Spezialitäten zu verkosten. Bald, so sagt sie, des Trubels etwas überdrüssig, werde sie an ihre Tochter übergeben, auch schon weit über 40 und derzeit noch den winzigen Gastraum umsorgend.

Es gibt viele hervorragende Straßenköche

Aber ehrlich, Sie müssen nicht unbedingt bei Jay eine halbe Stunde warten, um hervorragendes Streetfood in Bangkok zu bekommen. Ein halbes Dutzend guter Märkte sind in Chinatown zu finden, und einer der besten ist der **Talad Saphan Phut**, ein Night Market, etwas außerhalb der City, und vor allem rund um die Universität haben sich gute und preiswerte Stände angesiedelt. Aber besser vorher im Hotel fragen. Denn die Bangkok Municipial Authority hat angekündigt, dass sie den „Wildwuchs“ beseitigen und alle an definierten Marktplätzen ansiedeln will, so wie das Singapur getan hat. Na ja, da bin ich ein bisschen skeptisch.

Jay Fai – Streetfood-Star mit Michelin-Stern

Aber von ganz „unten“ nach ganz „oben“ auf der kulinarischen Hitliste hier in Bangkok: Dort „thront“ ein Inder, **Gaggan Anand**, der dreimal zum besten Koch Asiens gewählt worden ist. Bei ihm zu essen ist ein Abenteuer. Aus der Küche klingt Rockmusik, gekocht wird indisch-thai-vietnamesisch-japanisch. 25 kleine Gänge werden begleitet von „erklärenden“ Emojis serviert, die Hälfte davon isst man mit den Fingern. Ich habe Gaggan bei der Verleihung de Trophée Gourmet des „À la Carte“-Magazins in Wien wieder getroffen. „Die Leute wollen sich beim Essen nicht langweilen, es muss Spaß machen!“ sagt er zu Recht. Und kündigt an: „Im Sommer 2020 ist Schluss, dann sperr ich zu. Und koche mit meinem japanischen Freund in Tokio!“ Also, Freunde der asiatischen Spaß-Küche, nichts wie hin zu Gaggan, bevor er das Weite sucht.

Wer wird die Nachfolge an der Gourmet-Spitze in Bangkok antreten? Wahrscheinlich Bo Songvisava, die mit ihrem australischen Partner Dylan ein Restaurant im hippen Sukhumvit aufgemacht hat. **„Bo.Lan“** heißt es, eine Kombination ihrer beider Vornamen. Bo hat Rezepte aus allen Teilen Thailands zusammengetragen und kocht – zum Unterschied von Gaggan – „originale Siamküche“. Fünf Gänge serviert sie den Gästen: Salat, dann etwas Gegartes mit Chili, ein frittierter Gang, ein Curry und eine Suppe. Wer will, und ich wollte, kann sich natürlich noch ein paar Zwischengänge bestellen. Ehrlich, die Thai-Küche ist ja leicht, da verträgt man einiges …

Etwas einfacher und deftiger geht's in ihrem Zweitlokal „**Err**" zu. Einfache Familiengerichte von Beef Salad bis zu Calamari und Shrimps – das Schöne dran ist, dass man sogar kurzfristig einen Tisch bekommt, den man im „**Bo.Lan**" ein paar Wochen im Voraus buchen muss – also deutlich vor dem Abflug in den Thailand-Urlaub.

Langustinen-Salat mit Waldkräutern aus dem Norden

Und dann noch eine subjektive Auswahl der besten Küchen in der Thai-Hauptstadt: Großartig finde ich eine weitere junge Köchin, die jahrelang auf der Suche nach alten und typischen Rezepten war und jetzt mit einer Auswahl daraus ein großartiges Restaurant, aber in einer eher schrecklichen Shopping Mall, aufgemacht hat.

Im „**Paste**" gibt's Langustinen-Salat mit Waldkräutern aus dem Norden und ein zwölf Stunden lang gegartes Beef Rib mit langen, scharfen Peperoni aus dem Süden. Aus Südthailand stammt auch der Koch aus dem „**Sorn**", das mir Gourmet-Expats empfohlen haben. Khun Ice, so nennt sich der Chef, experimentiert auch noch mit alten Techniken: Seine Liebe gilt dem Tontopf, in dem er nicht nur den Reis, sondern auch seine speziellen südthailändischen Currys zubereitet.

Wunderschön, aber weniger experimentell isst man beim bekannten TV-Koch Kittichai. In einer romantischen Kolonialvilla, dem „**Issaya Siamese Club**", geht's eher traditionell, aber trotzdem hochklassig zu zivilen Preisen zu. Für die Einladung zum Hochzeitstag, Freunde von mir haben das probiert, ideal.

Last but not least muss natürlich auch das „**Nahm**" erwähnt werden, das ja eine spezielle Geschichte hat. Gegründet vom Australier David Thompson ursprünglich in London – dort hat es den ersten Michelin-Stern für thailändische Küche kassiert – ist es nunmehr mit einem grandiosen Ableger auch im Ursprungsland hier in Bangkok präsent. Globale Küche also im wahrsten Sinne des Wortes.

Kein Genussabend ist aber vollständig ohne den Besuch einer der zahlreichen Sky-Bars mit 360-Grad-Panorama über Bangkok. Bei einem Cocktail den Sonnenuntergang erleben, glauben Sie mir, das zahlt sich aus. Die höchste Rooftop-Bar finden Sie im **King Power Mahanakhon** im 77. Stock, und wer sich traut, spaziert über den gläsernen Skywalk in 300 Metern Höhe. Schwindelfrei ist Voraussetzung, vor allem, wenn man noch ein Selfie schießen will.

Die berühmteste aller Rooftop-Bars finden Sie im **Lebua State Tower** – da wurde für den Film „Hangover 2" gedreht. Und auf der Dachterrasse des **St. Regis Hotel** erwartet einen der originellste Cocktail der Stadt: ein Siam Mary mit Chili, Wasabi und Koriander. Scharf, aber köstlich – einfach probieren!

Wenn dann die Sonne über Bangkok niedergeht, dann weiß man: Schöner wird's nimmer ...

~ MEINE TIPPS ~

Jay Fai,
327 Maha Chai Rd, Khwaeng Samran Rat, Khet Phra Nakhon, Krung

Thep Maha Nakhon 10200
Talad Saphan Phut, Lan Luang Rd

Khwaeng Si Yaek Maha Nak,
Khet Dusit, Krung Thep Maha Nakhon 10300

Gaggan
eatatgaggan.com

Bo.Lan
bolan.co.th

Err
errbkk.com

Paste
pastebangkok.com

Sorn
facebook.com/Sorn

Issaya Siamese Club
issaya.com

Nahm
comohotels.com/en/metropolitanbangkok/dining/nahm

Rooftop Bar im King Power Mahanakhon
kingpowermahanakhon.co.th

Rooftop Bar im Lebua State Tower
lebua.com/sky-bar

Rooftop Bar im St. Regis
marriott.de/hotels/travel/bkkxr-the-st-regis-bangkok/

New York

Eine Weltreise durch den Big Apple

In Manhattan kann man alle Küchen dieser Erde kennenlernen. Oft besser als dort, wo sie ursprünglich zu Hause sind.

Ein New-York-Besuch ohne Steak? No way. Jeden Tag Lunch, aber kein Pastrami-Sandwich bei „Katz's Delicatessen"? Geht gar nicht. Mindestens ein Mal zum derzeit weltbesten Restaurant „Eleven Madison" pilgern? Na klar, zumindest den berühmten Hotdog von Chef Daniel Humm zu probieren, ist eine Ehrensache für Gourmets.

Nobu Matsuhisa ist das beste Beispiel dafür. Er war ein erfolgreicher Restaurateur in Peru, wo er einheimische Zutaten mit der traditionellen Japan-Küche gemischt hat. Diesen persönlichen Stil hat er schließlich nach Los Angeles gebracht. Kein Geringerer als Hollywoodstar Robert de Niro hat ihn entdeckt und vor 25 Jahren dazu überredet, sein erstes „**Nobu**" in New York aufzumachen. „Ich war anfangs sehr skeptisch, dass das klappen wird", hat mir Nobu einmal erzählt, „und schon gar nicht, dass ich irgendwann einmal mit meiner Küche auf der ganzen Welt präsent sein werde ..." Ist er aber, derzeit hält er bei 40 Restaurants, von New York bis Sydney, von Honolulu bis Kapstadt. Und die ganze Welt genießt sein Signature Dish „Black Cod in Miso", zarter und gleichzeitig gschmackiger kann man Kabeljau nicht zubereiten – in New York entweder Uptown auf der 57th Street oder Downtown bei der Wall Street zu probieren.

Masas Omakase-Menü kostet 595 Dollar

Wenn wir schon bei Japanisch sind: Auch Masa Takayama hat die New Yorker Foodszene verändert. Sein Gourmet-Tempel „**Masa**" im Time Warner Building gleich beim Central Park hat drei Michelin-Sterne und ist sauteuer, laut „New York Times" ist es das teuerste Lokal Amerikas. Wer 595 Dollar pro Person für das Omakase-Menü (und zwar ohne Steuern und ohne Trinkgeld) für abenteuerlich hält, ich zum Beispiel, dem bieten sich in Manhattan zwei Alternativen:

Nobu Downtown

das „**Kappo Masa**" im Haus der noblen „Gagosian Gallery" und das neu eröffnete „**Tetsu**" in Tribeca, ebenfalls von Chef Masa Takayama betrieben für Menschen mit kleineren Geldbörsen. Dort kann man sich auch um 80 Dollar ein ordentliches Menü zusammenstellen: vom Kokos-Lobster über Popcorn-Shrimps bis zu den Baby-Rippchen in Tamarind. Den Grünen Veltliner Honivogl von Freund Franz Hirtzberger aus der Wachau, dort um 400 Dollar für die Magnum angeboten, trinke ich lieber in der Heimat und hab mir stattdessen ein Glas kalifornischen Chardonnay gegönnt. Natürlich bekommt man im „Nobu" oder im „Masa" auch gutes Sushi, aber das beste und gleichzeitig bezahlbare habe ich bei „**Sushi Yasuda**" entdeckt. Ein kleiner spartanischer Laden in der Nähe der Grand Central Station, den man am besten zum Lunch aufsucht. Hier bekommt man ein feines Sushi-Menü um 35 Dollar, perfekt und auch für den Normalbürger erschwinglich.

Speck mit eingelegten Jalapeños als Starter

Genug von Japan, der neueste New Yorker Ethno-Trend bringt uns nach Korea. Wie Pilze nach dem Regen schießen sie in New York aus dem Boden, aber nur wenige haben wirklich Qualität. Hip und gut (Warnung: auch verdammt laut) präsentiert das „**Cote**" die koreanische Steak-Kultur. Nach Speck mit eingelegten Jalapeños wird der kleine Gittergrill am Tisch angeheizt, das Rib Eye in kleine Würfel geschnitten, und jeder brät sich sein Fleisch selbst – zusammen mit viel aufgeschnittenem Gemüse und Kartoffeln. Dazu ein Rotwein aus Napa oder Sonoma, und der Spaß ist perfekt.

Der Korea-Gegenpol liegt in Tribeca. Im coolen, schicken **„Jungsik"** wird die Originalküche modern interpretiert – und der Schwerpunkt liegt beim Fisch. Das neungängige Tasting Menu bringt Oktopus, Black Cod und Tuna in weißen Porzellanschüsselchen, nicht nur fürs Auge ein Genuss. Ich habe mir aber lieber den ganzen Red Snapper bestellt, der am Tisch mit heißem Öl übergossen und fertig gegart worden ist.

Ich muss Sie enttäuschen, Kimchi gab's weder da noch dort. Das stellt zwar für Europäer den Inbegriff der Korea-Küche dar, die Koreaner selbst halten Kimchi aber eher für Fast Food, das man am Bahnhof konsumiert. Ich hab's trotzdem bekommen, und zwar im **„Atoboy"** in der Nähe vom Union Park, allerdings nur als Beilage zum Yellowtail. Für die Einführung in die koreanische Küche ist das **„Atoboy"** bestens geeignet. Drei kleine Teller (zum Beispiel Lotuswurzel mit Meeresalgen, Lachs mit Ricotta und Melone, Beef Tatar mit Baby-Anchovis) und eine große Schüssel Reis für 42 Dollar, da kann man sich günstig dem Fernöstlichen annähern.

Delikate Entenzungen und glitschige Seegurken

Eine der Asia-Küchen hat in New York natürlich schon Einheimischen-Status. In Chinatown auf Entdeckungsreise zu gehen, macht einen New-York-Aufenthalt erst perfekt. Mein Lieblings-Chinese heißt **„Pings"** und ist ein unscheinbarer Laden in der Mott Street, über die Treppe rauf in den ersten Stock. Alle Tische voll mit Chinesen, nicht Touristen – was schon einmal für das Lokal spricht. Sie müssen ja nicht die delikaten Entenzungen oder die glitschige Seegurke bestellen, sondern am besten die Jumbo-Prawns mit Erdnuss-Sauce oder einen ganzen Fisch Hongkong-Style (also scharf gegrillt) mit einer leichten Chilisauce. Dazu ein Tsingtao-Bier, und ich verspreche, Sie werden Mr. Ping lieben.

Wer Lust auf chinesischen Hot Pot hat, der steuert am besten das **„MáLà Project"** gleich beim Times Square an. Vorher Dim Sum, die köstlichen Teigtaschen, und dann aussuchen, was in den Topf kommt: Acht verschiedene Zutaten sollten es schon sein, aus 59 verschiedenen können Sie wählen: von Fischbällchen, Froschschenkeln (muss das wirklich sein?) und Tintenfisch über Hühnerhaxerln, Schweinebauch, Lamm, Rind bis zu Pak Choi, Shiitake-Pilzen und Kartoffeln – und dazu ankreuzen, ob Sie es mild, spicy oder super spicy haben möchten. Aufpassen, denn die Sichuan-Küche ist für ihre Schärfe bekannt.

Für die Fans der Pekingente gibt's nur eine Empfehlung: Das beste Pekinger Restaurant hat seit Kurzem eine Dependance in New York. Im „**Dadong Roast Duck**" beim Bryant Park wird die Ente so serviert, wie man sie aus Peking liebt: am Rost derart gegart, dass die äußere Fettschicht abschmilzt und die Haut trotzdem knusprig bleibt. Solch akribische Küche gibt's natürlich in Chinatown nicht.

Wir bleiben in Asien. Der Indien-Boom ist zwar schon etwas abgeflaut, aber der Appetit danach hält an. Wer Indisch auf Spitzenniveau wie in Bombay oder Delhi genießen will, der muss ins „**Junoon**" (das Hindi-Wort bedeutet „Leidenschaft") in der 24th Street pilgern. Oktopus aus dem Tandoori-Ofen, Masala-Rippchen oder ein Lobster in Kokosmilch, Indisch auf Sterneniveau eben. Einfacher, aber trotzdem hervorragend wird in „**The Bombay Bread Bar**" gekocht. In dem Tribeca-Ecklokal reicht man knackige Nan- oder Papadam-Brotfladen, wahlweise mit Käse, Schinken oder Lauch, damit der erste Hunger gestillt wird. Nachher gibt's Lamm-Curry, Black Pepper Shrimps und Chicken Tika – am besten alles in die Mitte stellen und teilen.

Atoboy

Wirklich „in“ ist ja seit einigen Jahren die lateinamerikanische Küche, im Speziellen die mexikanische abseits von Burritos, Enchiladas und Bohnenmatsch. Küchenchef Enrique Olvera war der Vorreiter dieser neuen, modernen Gastronomie, ohne horrende Kalorien und mit mehr Geschmack. In Mexico City hat er mit seinem vielgepriesenen „**Pujol**“ Anfang des Jahrtausends Furore gemacht und ist auch auf der „World's 50 Best-Liste“. Olvera hat die mexikanische Küche praktisch neu erfunden. Hauchdünne Tortillas mit Lamm und Avocado, die schwarzen Bohnen nicht matschig zerkocht, sondern knackig zur Ochsenzunge und natürlich seine „Mole Madre“, eine wunderbare Chili-Gewürz-Sauce, die mit Brot aufgetunkt wird.

Einige Jahre ist es her, da hat er mithilfe von Investoren seine „New Mexican Cuisine“ nach New York gebracht, ins „**Cosme**“ am Broadway. Man kann sich also eine Reise nach Mexiko ersparen, wenn man den Talentiertesten seiner Chefs kennenlernen will. Und weil der Erfolg auch in Manhattan so groß ist (mindestens drei Wochen Vorreservierung!), hat Olvera auch ein Zweitlokal aufgemacht: das „**Atla**“ in der Lafayette Street. Aber selbst dort muss man sich zu Mittag anstellen, um die Kräuter-Guacamole, die Karfiol-Tacos oder den Lobster-Toast probieren zu können.

Crudo vom Oktopus mit Paprika und Haselnüssen

Wie die chinesische Küche hat auch die italienische eine lange Einwanderer-Tradition in New York. Früher musste man nach Little Italy fahren, um Spaghetti Carbonara „wie bei Mamma“, eine „echt neapolitanische“ Pizza oder einen klassischen Branzino in der Salzkruste zu bestellen. Heute haben sich die italienischen Restaurants über ganz New York ausgebreitet. Das für mich beste ist allerdings eine rein amerikanische Erfindung. Im „**Marea**“ am Central Park trifft sich die Hautevolee von Manhattan zum Lunch und auch gerne nach dem Theater. „Sleek“ ist die Bezeichnung, die die Amis gern für ein Lokal dieser Art wählen. Laut Langenscheidt „elegant, gepflegt, rassig“. Und genau so ist auch die Speisekarte: Die Crostini gibt es mit Anchovis oder Vitello Tonnato, das Crudo vom Oktopus mit Paprika und Haselnüssen, bei den Antipasti kann man zwischen Gnocchetti mit Shrimps oder Chili und Spaccatelli mit Krabbenfleisch und Basilikum wählen. Dass die Fisch-Hauptgänge vor Kreativität nur so strotzen (der Heilbutt mit Kren, Chicorée und Buttermilch!), macht das „**Marea**“ noch verlockender.

Wem eher der Sinn nach traditionellerem Italienischem ist, dem sei das „**Del Posto**“ (auch nicht in Little Italy, sondern in Chelsea) ans Herz gelegt. Dort ist alles so, wie's einmal war. Üppig gedeckte Tische, seidene Vorhänge, viel Marmor, und der Pianist sorgt für die musikalische Untermalung. „Ideal zur Silbernen Hochzeit oder zum Geburtstag der Mutter“, pflegt ein Freund von mir zu sagen. Aber keine Angst, die Küche ist von heute, und Melissa Rodriguez, die dort den Ton angibt, hat einen Michelin-Stern.

Aber natürlich will der darbende Gourmet auch einmal eine ordentliche Pizza essen, vor allem wenn die Kinder an der Hand raunzen. Zwei Tipps, je nachdem, ob man gerade uptown oder downtown in Manhattan unterwegs ist: „**Don Antonio**“ auf der 50th Street ist ein Ableger der berühmten Pizzeria in Neapel, 55 verschiedene Pizzen werden angeboten. Die berühmte „Montanara“ ist einfach himmlisch – oder himmlisch einfach: Pizzateig mit einer speziellen (geheim gehaltenen) Tomatensauce, Büffelmozzarella und viel Basilikum. That's it. Downtown geht man am besten zu „**Luzzo's**“ auf der 1st Avenue. Aus einem 100 Jahre alten Pizza-Ofen kommen neapolitanische Klassiker wie „La Quadrata“ oder die „Pizza Fritta“ mit Schinken und schwarzem Pfeffer. Draußen vor der Türe wartet eine Menschenschlange auf den nächsten freien Tisch, daher lieber etwas außerhalb der Essenszeiten kommen, um sich die Warterei zu ersparen.

In der Spitzengastronomie New Yorks war die französische Küche immer schon stark vertreten. „**Le Bernardin**“ (mit dem österreichischen Weltklasse-Sommelier Aldo Sohm) oder das „**Daniel**“ sind seit Jahrzehnten top, auch nach Pariser Kriterien. Aber die moderne „Bistronomy“ hat erst in den letzten Jahren Einzug gehalten. Zwei ehemalige Köche aus dem „**Balthazar**“, der ersten richtigen Brasserie New Yorks, haben sich im Frühjahr selbstständig gemacht und mit dem „**Frenchette**“ am West Broadway einen neuen französischen Hotspot geschaffen. Vor ihnen ist schon Spitzenkoch Daniel Rose, der bereits in Paris mit seinem „**Spring**“ für Furore gesorgt hat, in seine amerikanische Heimat zurückgekehrt und hat im „**Le Coucou**“ die leicht verstaubte originale Brasserie/Bistro-Küche

Wallsé – Küchenchef Kurt Gutenbrunner

deutlich aufgefrischt. Den Kalbskopf gibt's bei ihm mit Kaviar, das Entlein mit Foie gras, und in der Fischsuppe schwimmen Barsch, Aal und Tintenfisch.

Ja, und dann gibt es in New York auch zwei Österreicher, die seit Jahren die rot-weiß-rote Fahne hochhalten. Kurt Gutenbrunner ist für sein „**Wallsé**" seit 18 Jahren Michelin-besternt. Hat er früher vor allem eine moderne, internationale Küche serviert, besinnt er sich aktuell mehr auf seine österreichischen Wurzeln. Maronisuppe, Zwiebelrostbraten, Schnitzel und Sachertorte stehen auf der Speisekarte, zum Trinken gibt's ausnahmslos österreichische Weine. „Ich hab schon seit Längerem den Trend zur klassischen Küche bemerkt, darauf muss man sich einstellen", sagt er. Und der Erfolg im „**Wallsé**" gibt ihm recht – wie auch im „**Café Sabarsky**", das er in der Neuen Galerie (unbedingt die nach New York übersiedelte „Adele" von Gustav Klimt besichtigen!) mit Apfelstrudel zur Wiener Melange führt.

Auch der zweite Austro-Amerikaner Edi Frauneder setzt auf Österreichisches. Im „**Freud**" (dort diniert auch Präsident Van der Bellen, wenn er in New York ist) und in seinem „**Edi & The Wolf**" fühlt man sich wie in der Heimat. Frauneder bestätigt: „Am besten geht das Schnitzel. Österreich ist zu einer Marke geworden, und das muss man ausnutzen!"

Österreichisch als Ethno-Küche, Schnitzel als Gourmet-Trend – wer hätte das gedacht. Aber im großen Schmelztiegel New York ist eben alles möglich.

~ ETHNO-RESTAURANTS IN NEW YORK ~

Japanisch

Tetsu
tetsunyc.com

Kappo Masa
kappomasanyc.com

Sushi Yasuda
sushiyasuda.com

Nobu
noburestaurants.com

Koreanisch

Cote
cotenyc.com

Jungsik
jungsik.com

Atoboy
atoboy.com

Chinesisch

Pings
eatatpings.com

MáLà Project
malaproject.nyc

Dadong Roast Duck
dadongny.com

Indisch

Junoon
junoonnyc.com

The Bombay Bread Bar
thebombaybreadbar.com

Mexikanisch

Cosme
cosmenyc.com

Atla
atlanyc.com

Italienisch

Marea
marea-nyc.com

Del Posto
delposto.com

Don Antonio
donantoniopizza.com

Luzzo's
luzzosmenu.com

Französisch

Le Bernardin
le-bernardin.com

Daniel
danielnyc.com

Balthazar
balthazarny.com

Frenchette
frenchettenyc.com

Le Coucou
lecoucou.com

Österreichisch

Edi & The Wolf
ediandthewolf.com

Wallsé
kurtgutenbrunner.com

Café Sabarsky
kurtgutenbrunner.com

Freud
bar-freud.com

New York

Auf der Suche nach dem besten Steak

Wo, wenn nicht im Big Apple, würde man das perfekte, saftigste, auf den Punkt gegarte Steak suchen? Ein Streifzug durch die besten Steakhäuser von New York.

Genau so muss ein New Yorker Steaklokal ausschauen: in Brooklyn gelegen, aber nur 20 Minuten von Midtown Manhattan entfernt. Ein riesiger Bar-Tresen, wo man Bier oder Cocktail schlürft, während man auf den längst vorreservierten Tisch wartet. Drinnen Holztische, etwas wackelige Stühle „und die besten Steaks von New York“, sagt der rundliche Oberkellner, der dort mit burgenländisch-amerikanischem Charme die Gäste einweist.

Ja, das „**Peter Luger**“ ist seit 130 Jahren nahezu unverändert geblieben. Und Oberkellner Luis Grünauer werkt dort seit 30 Jahren. Luis ist einer der drei Grünauer-Geschwister, die in den 70ern vom Burgenland in die USA gezogen sind. Peter Grünauer gründete hier einst ein Restaurant-Imperium. Martin Grünauer hat mit Schwester Martha den Wiener Stammsitz in der Hermanngasse geführt. Und Luis, der Dritte im Bunde, ist längst amerikanischer Staatsbürger und verordnet bis heute im Nummer-1-Steakhouse „Peter Luger“ als Vorspeise Tomaten mit Zwiebeln und dann das Rib Steak für wahlweise zwei, vier oder sechs Personen. Ganz wichtig, so Luis, kein Senf, kein Ketchup, nur die hauseigene Luger-Sauce als Geschmacksverstärker.

Und noch wichtiger: Nehmen Sie genug Bargeld mit, denn bei „Peter Luger“ gilt die amerikanische Devise: in cash we trust.

Gleich alt, fast gleich gut, dafür in Manhattan: das „**Keens Steakhouse**“ auf der Westseite – viel Holz, zwei flackernde Kamine und eine Atmosphäre wie damals, als President Roosevelt nach den obligaten Austern seinen Lammrücken konsumierte. Denn die „Mutton Chops“ sind die Spezialität vom „**Keens**“: acht Zentimeter dick, juicy, für mindestens zwei Personen. Aber keine Angst, natürlich gibt's auch Porterhouse und Sirloin in bester Qualität.

Wolfgang's Steakhouse – Küchenchef Wolfgang Zwiener im Kühlraum

Die Nummer 3 unter New Yorks Steakhäusern ist für mich „**Wolfgang's Steakhouse**". Eigentümer Wolfgang war 40 Jahre Chefkellner bei Luger und hat seinen alten Arbeitsplatz schlichtweg in Manhattan kopiert, inklusive des Fleischlieferanten. Zwischenzeitlich umfasst sein kleines Imperium fünf Lokalitäten in Manhattan – irgendwo bekommt man immer einen Tisch, wenn bei „Peter Luger" oder „Keens" „all reserved" ist. Auch zu empfehlen: das altbekannte „**Smith & Wollensky**" uptown, das „**Sparks**" midtown und das „**Gallagher**" auf der Westseite Manhattans.

Smith & Wollensky

Wer es auf einen Power Lunch abgesehen hat, ist am besten im „**Quality Meats**" gleich beim Central Park aufgehoben. Dort wird weit mehr geboten, als der Name verspricht: Nicht nur die unvermeidlichen Steaks sind hier hervorragend, sondern auch Fisch von Tuna bis Heilbutt, kurz gegrillt, perfekt angerichtet. Damit lässt sich auch ein Dienstgespräch mit Vegetariern light absolvieren.

Wo Models zu DJ-Klängen Steaks essen

Zugegeben, Steakhäuser haben einen maskulinen Touch und sind ein bisschen old fashioned. Aber es wäre nicht New York, wenn es nicht auch in diesem Genre eine Alternative gäbe. „**STK**" heißt sie und ist ein chicer Mix aus Steakhaus und Lounge. An der Bar in

Keens

der Mitte nehmen die Models ihren Veggie Cocktail, um nachher unter DJ-Klängen dann doch zu einem saftigen Stück Fleisch zu langen. Hat ja schließlich – nur mit Salädchen konsumiert – kaum Kohlehydrate.

„Wir sind jung und crazy", sagt Jonathan Segal über seine Läden, die zwei Mal in New York (im Meatpacking District sogar mit herrlicher Dachterrasse fürs Frühjahr) und 16 Mal im Rest der Welt von Los Angeles bis Ibiza Furore machen. Der „STK"-Slogan heißt: „It's not your daddy's steakhouse". Aber wer zeigen will, dass er jung geblieben ist und lärmende DJ-Musik zum Steak ertragen kann, ist ebenfalls willkommen. So ist's eben in New York.

~ STEAKHÄUSER IN NEW YORK ~

Peter Luger Steakhouse
peterluger.com

Keens Steakhouse
keens.com

Wolfgang's Steakhouse
wolfgangssteakhouse.net

Smith & Wollensky
smithandwollenskynyc.com

Sparks Steak House
sparkssteakhouse.com

Gallagher's Steakhouse
gallaghersnysteakhouse.com

Quality Meats
qualitymeatsnyc.com

STK Steakhouse
stkhouse.com

Dubai, Abu Dhabi

Globale Topküche am arabischen Golf

In Dubai und Abu Dhabi gibt es mittlerweile Ableger der besten Restaurants der Welt. Vergessen sind die Zeiten von Hirn, Hoden und Augen - vom Kamel!

Mein erstes kulinarisches Erlebnis am Arabischen Golf liegt schon länger zurück. Mehr als 40 Jahre ist es her, als ich den damaligen Bundeskanzler Bruno Kreisky zu Scheich Zayid bin Sultan Al Nahyan nach Abu Dhabi begleitete. Mitten in der Wüste wurde zu Kreiskys Ehren ein riesiges Zelt-Dinner aufgefahren. Wie bei den Beduinen üblich, strömten von weit und breit Stammesfürsten und ihre Untertanen zum reichlich gedeckten Abendmahl, samt Krummsäbeln und was der Beduine sonst noch zum Ausgang mitnimmt.

Am Kopf der Tafel wurden dem Kanzler die drei kulinarischen Morgengaben („for you, our friend") präsentiert: Kamelhirn – für die Weisheit, Kamelaugen – für die Weitsicht, Kamelhoden – Sie wissen schon, wofür ...

Kreisky war mäßig begeistert, eine Kostprobe der Hoden ging gerade noch, beim Hirn täuschte er Konsumation vor, aber die Augen, die schaffte er nicht. Als jüngster begleitender Journalist wurde ich umgehend nach vorne gebeten. „Die Augen, die sind sicher was für Sie. Das müssen Sie mir abnehmen", brummte er, und ich durfte zwei an der Zahl stellvertretend runterschlucken. Glitschig wie Austern und, ehrlich gesagt, nicht sonderlich schmackhaft. Seitdem hat sich am Arabischen Golf kulinarisch einiges getan. Nix mehr Kamelaugen, sondern die besten Restaurants der Welt haben ihre Zelte vor allem in Dubai und in Abu Dhabi aufgeschlagen. „8400 Restaurants gibt es allein in Dubai", erzählt Gastronom Christian Gradnitzer, der für alle Restaurants der Hilton-Kette im arabischen Raum zuständig ist. „Jede Woche sperren 50 auf, aber 45 wieder zu." Und es gibt keinen berühmten Namen, den man hier nicht antreffen kann. Nachfolgend also die Empfehlungsliste für Ihre Sonnentage am Golf oder Ihren Business-Trip zu den Scheichs – ganz konservativ, nach Küchen geordnet.

Namu

Beginnen wir mit Asiatisch. Alle großen Ketten sind hier vertreten: „**Hakkasan**" (chinesisch inspiriert) und „**Zuma**" (japanisch inspiriert) haben sowohl in Dubai als auch in Abu Dhabi ihre Dependancen, das berühmte „**Nobu**" (Chef Matsuhisa steht oft selber in der Küche) findet man nur in Dubai, im riesigen Atlantis-Hotel auf der Palme. Der aktuelle asiatische Hotspot ist allerdings eine Neukreation. „**Namu**" heißt er, ist auf koreanisch-japanische Küche spezialisiert und liegt im 31. Stockwerk des V-Hotels „Curio" in Dubai. Dort trifft sich die Golf-Society, deshalb heißt es rechtzeitig buchen.

Für alle Genannten gilt grundsätzlich, dass die Qualität mindestens so gut – wenn nicht sogar deutlich besser – ist, als man sie heute in den Ursprungslokalen findet. Der Grund: Im Unterschied zu vielen anderen Weltmeergegenden gibt's am Golf noch ausreichend Fisch, Krabben und Garnelen. Das hat aber auch seinen Preis, unter 100 Euro pro Person mit ein bisschen Wein kommt man normalerweise nicht davon.

Seit jeher gilt die besondere Liebe von Touristen jeglicher Herkunft der italienischen Küche. Am Golf glänzen zwei Namen besonders: das altbekannte, aber schweineteure „**Cipriani**" (in Dubai direkt an der Rennstrecke) und das erst kürzlich gegründete, aber deutlich preisgünstigere „**Roberto's**". Dort ist vor allem der Friday's Brunch (Freitag ist ja bekanntlich der islamische Sonntag) zu empfehlen.

Für 50 Euro kann man zwischen Austern, Crudo, neun Antipasti und sechs Hauptspeisen wählen, und alles ist erstklassig.

Ceviche, Tiraditos und Tacos wie in Peru

Natürlich darf auch die neue Latino-Küche am Golf nicht fehlen. Bei „**Coya**“ können Sie Ceviche, Tiraditos und Tacos wie in Peru genießen. Das gerade erst eröffnete „**Waka**“ im Oberoi-Hotel in Dubai bietet auch einen DJ und am Dienstag „Tacos all you can eat“ um 30 Euro, ein Schnäppchen.

Siraj

Und zu guter Letzt, wo gibt's die besten Steaks? Da sind sich Experten einig – im **„Nusr-Et"** am Jumeirah-Beach in Dubai und bei der Dependance in Abu Dhabi. Die Steaks sind wirklich hervorragend, aber lassen Sie sich vom Chef, den vom türkischen Metzger zum „Starkoch" mutierten Nusret Gökce, nicht einwickeln. Am liebsten bietet er seine Steaks „vergoldet" an, also mit Blattgold besprüht, und verlangt dafür 300 Euro. Schmeckt nach nichts, ist nur peinlich und teuer. Den Bayern-Star Ribéry hat er mit diesem Unsinn ins Internet gestellt und der musste dann – zu Recht – einen Shitstorm über sich ergehen lassen.

First Class Steaks werden auch im Lokal des englischen Super-Kochs **Marco Pierre White** (das Lokal heißt genauso) serviert. Das Angebot reicht von US Prime über Angus Beef aus England, Wagyu aus Australien bis zum Kobe Beef aus Japan. Wobei Letzteres schon mit 110 Euro zu Buche schlägt. Ich war mit einem US Rib Eye um 40 Euro auch zufrieden.

Linsensuppe, Datteln und Margooga Chicken

Bei all dieser Vielfalt geht eines ab: Die originäre Golf-Küche, die ist bei all dem internationalen Gastro-Wahn unter die Räder gekommen. Nur wenige Restaurants halten die Golf-Fahne auch kulinarisch hoch, zwei davon sind zu empfehlen. Direkt neben der Dubai Mall liegt das **„Siraj Restaurant"**, das authentische „Emirati Cuisine" anbietet, also den typischen Golf-Mix mit Einflüssen aus Persien, dem Jemen, Indien und der Levante. Vorneweg Linsensuppe, gekochte Datteln mit Kale (Krautblätter) und dann ein Margooga Chicken oder Margooga Lamb (wobei die Margoogas kleine Brotbällchen in der Tomaten-Gemüse-Sauce sind). Das **„Aseelah"** im Radisson-Hotel ist etwas weniger fein, dafür noch etwas origineller – das Angebot reicht vom gebeizten Fisch mit grünen Mangos bis zum Kamel-Sandwich, entweder mit Dattelmarmelade oder Barbecue-Sauce. Ich habe mich vor Ort erkundigt, vom Kamel gibt's wirklich nur das Fleisch, auf weitere angeblich gut verdauliche Kamel-Produkte (siehe oben!) wird heutzutage freundlicherweise verzichtet.

Ein paar Feinheiten sollte man vielleicht noch wissen, wenn man am Golf genießen will.

Roberto's

TIPP 1: Wer bei einer privaten Einladung seinen Teller blitzblank aufisst, bekommt automatisch eine zweite Portion. Denn dass man genauso viel Hunger hat, wie einem serviert wird, das erachtet der Araber für unwahrscheinlich. Daher wird nachgereicht, bis ein Rest am Teller die Sättigung erkennen lässt.

TIPP 2: Wenn der typische Golf-Kaffee gereicht wird, der mehr nach Kardamom als nach herkömmlichem Kaffee schmeckt, und die Tasse leer ist, wird automatisch nachgeschenkt – außer man schüttelt das eierbechergroße Schälchen leicht mit der Hand, um das „Nein" zu verdeutlichen.

TIPP 3: Restaurants, die von außen einsehbar sind, servieren keinen Alkohol. Den bekommt man nur in „geschlossenen Lokalen". Auch deshalb sind die meisten Restaurants in Hotels angesiedelt, die eine „Liquor Licence" besitzen.

Daher sitzen die Formel-1-Stars und Kommentatoren beim Grand Prix in Abu Dhabi im Emirates Palace bei „**Hakkasan**" oder im Fairmont Hotel bei „**Marco Pierre White**", um mit einem ordentlichen Schluck Wein oder – wenn es sich um Mercedes-Leute handelt – mit Champagner anzustoßen. Oder sie gehen direkt ins „**Paddock**" an der Rennstrecke. Dort catert Attila Doğudan seine DO & CO-Topqualität – Alkohol inklusive ...

~ MEINE TIPPS ~

Asiatisch

Hakkasan
hakkasan.com

Zuma
zumarestaurant.com

Nobu
noburestaurants.com/dubai

Namu
namudubai.com

Italienisch

Cipriani
cipriani.com

Roberto's
robertos.ae

Lateinamerikanisch

Coya
coyarestaurant.com

Waka
waka.ae (Dubai)

Französisch

La Petit Maison
lpmlondon.co.uk

Yannick Alléno
oneandonlyresorts.com/one-and-only-the-palm-dubai/cuisine/stay-by-yannick-alleno

Die besten Steaks

Nusr-Et
nusr-et.com.tr (Dubai)

Arabisch

Siraj
sirajrestaurant.com (Dubai)

Aseelah
radissonblu.com/de/hotel-dubaideiracreek/restaurants (Dubai)

Tea Time

Restaurant At.Mosphere
im 122. Stock des Burj Khalifa
in Dubai (im höchsten
Gebäude der Welt)
atmosphereburjkhalifa.com

Alles Festspiele

Ob Bayreuth, Verona oder Aix-en-Provence, Mörbisch, Salzburg oder Bregenz. Zu Festspielen gehören immer auch kulinarische Festspiele. Sogar bei der Summerstage in New York.

Nach *Bayreuth* fährt man wegen Wagner. Wegen der Gastronomie zahlt es sich ehrlich gesagt nicht aus. Bei einer Aufführungsdauer von fünf Stunden ist es mühsam, vorher oder nachher was Ordentliches zu Essen zu bekommen – aber dazwischen gibt es eine Möglichkeit. Wer etwas auf sich hält, pilgert daher in der 90-minütigen Pause zwischen dem zweiten und dritten Akt ins „**Bürgerreuth**", drei Minuten Fußmarsch vom Festspielhügel entfernt. Das italophile Gasthaus serviert Insalata mista, eine einfache Pasta und ein Glas Prosecco um 20 Euro, einfach, aber wohlfeil.

Die echten Promis wie Angela Merkel oder die schwedische Königin Silvia ziehen allerdings doch ein geruhsames Dinner nach dem Opernabend vor, was dann doch ein bisserl teurer ausfällt. Eher Lust auf etwas Fränkisches? Da muss man rein in die Stadt zum „**Oskar**". Auf dem Marktplatz gibt es Bratwurst, Blutwurstgröstl und Ochsenbacke samt sieben Sorten Bier vom Hellen bis zum Pale Ale. Der Besuch ist allerdings erst „danach" zu empfehlen, sonst wird der lange Opernabend mit derart vollem Magen kaum durchzuhalten sein.

Wen es nach höheren kulinarischen Genüssen gelüstet, der muss ins 20 Minuten entfernte Wirsberg pilgern. Dort kochen Tobias Bätz und Alexander Herrmann im „**Posthotel**" auf Zwei-Sterne-Niveau. Ihre kreativen Signature-Menüs gibt es ab 139 Euro (vier Gänge, fünf Leckerbissen), das ist zwar nicht billig, aber einmal während der Bayreuth-Tage sollte man sich das leisten. Dann hat es sich aber auch schon mit den gastronomischen Feinheiten rund um das anstrengende Wagner-Fest.

Austern, Bouillabaisse und Loup de Mer

Da ist man in *Baden-Baden* bei den immer populärer werdenden Sommerfestspielen eindeutig besser dran. Es empfiehlt sich ein

Ausflug in den nahen Schwarzwald, wo mit der „**Schwarzwaldstube**“ und dem „**Bareiss**“ in Baiersbronn gleich zwei Drei-Sterne-Restaurants zur Auswahl stehen. Aber bleiben wir im Kurort selbst. Kulinarisch an der Spitze stehen das „**Le Jardin de France**“ und das „**Röttele**“ im Schloss Neuweier. Aber richtig „in“ ist das „**Rizzi**“, ein Weinbistro und Restaurant, das für jeden etwas bietet: Austern, Bouillabaisse und einen ganzen Loup de Mer genauso wie Vitello tonnato, Burger und ein Chateaubriand für zwei. Im „**Medici**“ haben schon Clinton und Obama, der Dalai Lama und Königin Máxima nach der Ehrung mit dem Deutschen Medienpreis diniert, daher kann sich der Festspielfreund auf gute Kost verlassen. Aber natürlich geht's im Badischen auch gemütlich zu. Wer sich beim Spaziergang auf der Museumsmeile zwischen Kurhaus und Burda-Museum etwas laben will, kehrt in der Weinstube „**Baldreit**“ oder beim „**Schneider**“ ein. Dort gibt's nicht nur erstklassige Rieslinge und Weißburgunder aus der Region, sondern auch Flammkuchen und Rindsbäckchen.

Sieben Stunden weiter südlich, in *Verona*, kann man sich das Spektakel in der Arena geben. Auch wenn „wahre Opernfans“ die Nase rümpfen: Schön ist es schon. Und da wir in Italien sind, kann man auch wunderbar essen, vorher und nachher. Am liebsten ist mir das „**Il Desco**“, wo Chef Elia Rizzo und Sohn Matteo (der erblickte tatsächlich in der Küche des Restaurants das Licht der Welt) ihr zehngängiges Menü servieren: Kalbstatar, Gnocchi, Seebarsch, Bries, Gänseleber. Zum Abschluss ein traumhaftes Dessert: Safraneis mit Whisky und Schokoladecreme. Sogar zwei Sterne hat die

„**Casa Perbellini**", ebenfalls fußläufig zur Arena, etwas weniger familiär, nur 24 Sitzplätze, einfach große italienische Küche.

Natürlich kann man in Verona auch gut und preisgünstig essen – wobei man die touristischen Lokale rund um die Arena vermeiden sollte. Drei Tipps: ein Dinner bei Kerzenlicht in der Trattoria „**Al Pompiere**", die beste Pasta gibt's bei „**Dal Gal**" und wirklich grandiose Pizzen in der Pizzeria „**Leon d'Oro**", die vom zweiten Sohn des „**Il Desco**"-Chefs geführt wird.

Frankreich-Liebhaber gönnen sich feine Musikkultur beim Festival d'Aix-en-Provence. Und als Draufgabe wirklich erstklassige *provenzalische* Küche in Bilderbuchatmosphäre. Etwa bei den Sterneköchen **Mickaël Féval** (Lunch-Menü um 35 Euro!) und **Pierre Reboul** im wunderschönen Herrenhaus am Westrand der Stadt (dort gibt es auch ein spätes Menü nach dem Opernabend, allerdings kostet das deutlich über 100 Euro pro Person). Für normale Geldbörsen und ungezwungenen Genuss empfiehlt sich das „**Pointe Noir**" der Brüder Massia (französische Tapas) oder das kleine, aber feine „**L'Epicurien**" mit Sommerterrasse fünf Minuten vom Konzerthaus entfernt.

Aber, ehrlich gesagt, zumindest einmal sollte man die halbe Stunde nach *Marseille* runterfahren, um die Bouillabaisse an ihrem Ursprungsort zu verkosten.

Mein Tipp: „**Chez Fonfon**" oder „**Chez Michel**", da kann nix passieren – zuerst die Suppe mit Brot und Mayonnaise und dann mit dem zweiten Suppenschöpfer die vier verschiedenen Fischsorten. Auch das ist Kultur.

Wen es im Sommer nach *New York* zieht, der sollte sich das Konzertprogramm in den Parks nicht entgehen lassen. Im Central Park geben die Stars der Metropolitan Opera immer wieder Kostproben der bekanntesten Opernarien – noch dazu gratis. Einige Besucher kommen mit dem Picknickkorb, andere kombinieren den Kultur- mit dem kulinarischen Genuss. Rund um den Central Park gibt es genug Auswahl: klassisch „modern American" bei „**Jean-Georges**" auf der Terrasse zum Park, bestes Seafood im „**Marea**" auf dem Central Park South, Asiatisches der Sonderklasse entweder im „**Nobu 57**" von Nobu Matsuhisa oder im „**Kappo Masa**", preisgünstiger Ableger

Restaurant Alexander Hermann by Tobias Bätz

des berühmten, aber teuren „Masa“ unweit vom Park. Wer Sehnsucht nach Heimat hat, besucht die Klimt'sche „Adele“ und das „**Café Sabarsky**“ in der Neuen Galerie mit dem besten Apfelstrudel der Stadt vom besten österreichischen Koch in New York, Kurt Gutenbrunner.

Und damit sind wir schon mitten in *Österreich*. Beginnen wir am östlichen Ende. Die Seefestspiele *Mörbisch* locken jährlich 150.000 Besucher an den Neusiedlersee und sind damit das größte Operetten-Festival im deutschen Sprachraum. Die Vorstellungen dauern meist bis kurz vor Mitternacht, daher heißt es vorher essen, nachher gibt's nix mehr. Ich fahre am liebsten über Oggau an den See, mit einer kurzen Rast bei Steffi Eselböck und Edi Tscheppe im „**Gut Oggau**“ – mit den biodynamischen Tscheppe-Weinen und einer feinen Heurigenkarte mit Wurzelspeck, Schinken, Sulz und Leberkäse. Bei Schwester Barbara und ihrem Alain Weissgerber geht's weniger deftig, sondern mehr gourmetmäßig zu. Der „**Taubenkobel**“ in Schützen ist nach wie vor die Nummer eins im Burgenland.

Salzburg, klassisch und modern

Am hochkarätigsten lässt sich Festspielkultur sicher in *Salzburg* erleben. Die Mozartstadt hat auch das vielfältigste kulinarische Angebot. Den legendären „**Goldenen Hirschen**“, die „**Blaue Gans**“ oder das „**M32**“ oben am Mönchsberg. In der historischen Ceconi-Villa zeigt Richard Brunnauer vor und nach der Premiere, was ihn auszeichnet, nämlich hervorragende regionale Küche vom Alpensaibling bis zum Hendl mit Eierschwammerln. Gleiches gilt für Andreas Kaiblinger, der im „**Esszimmer**“ große Küche ohne großes Tamtam zelebriert. Sachdienlicher Hinweis: Bei ihm gibt's den besten Fisch in Salzburg.

Aber da man als Festspielgast oft genug stundenlang im dunklen Anzug und im Smoking ausharren muss, freut man sich auch über ein ordentliches Wirtshaus mit kaltem Bier, Sülzerl, Schnitzel oder was die bürgerliche Küche sonst noch hergibt. Das alles gibt's beim urigen „**Krimpelstätter**" mit dem größten Gastgarten der Stadt oder beim „**Bärenwirt**" um die Ecke. Eines der besten Restaurants Österreichs, der „**Obauer**" in Werfen, ist nur 45 Minuten von der Stadt entfernt. Das ist zwar etwas zu weit fürs Festspielprogramm, aber einen freien Abend sollte man einkalkulieren, um sich von Karl und Rudi Obauer mit ihren Kreationen wie Gamscarpaccio, Forellenstrudel und Werfener Lamm verwöhnen zu lassen.

Kutteln, Kalbsbäckle und Riebelknödel

Bei den *Bregenzer* Festspielen mit ihrer gigantischen Bodensee-Bühne fehlen zwar kulinarische Stars wie in Salzburg und dem Burgenland, aber auch die neue Ländle-Küche kann überzeugen. Etwa im „**Mangold**", wo Michael Schwarzenbacher auf Bodenseefische setzt, oder beim „**Guth**" in Lauterach, wo man mit Tafelspitz, Kalbskopf, Kutteln und Reh mehr das Fleischige betont. Am meisten auf Ländle-Produkte wird im „**Mehdafu**" im Hotel Schönblick (nomen est omen) Wert gelegt – von der Bodensee-Bouillabaisse mit Felchen, Zander und Flusskrebsen bis zu den Kalbsbäckle mit heimischen Riebelknödeln. Und wer nochmal die Kochkunst von Haubenkoch Heino Huber vom leider verblichenen „Deuring Schlössle" probieren will, der bucht am besten eine Gourmetfahrt mit dem Raddampfer „Hohentwiel" und lässt sich dann direkt bei der Seebühne absetzen, Heino besorgt auch die Festspielkarten. Schöner lässt sich ein Opernabend nicht beginnen.

~ MEINE TIPPS ~

Bayreuth
Gasthaus Bürgerreuth
buergerreuth.de

Oskar
oskar-bayreuth.de

Restaurant Alexander Herrmann by Tobias Bätz
alexander-herrmann.de/wirsberg

Baden-Baden
Le Jardin de France
lejardindefrance.de

Schwarzwaldstube
traube-tonach.de

Bareiss
bareiss.com

Röttele Restaurant
im Schloss Neuweier
armin-roettele.de/
schloss_neuweier/

Rizzi
rizzi-baden-baden.de

Schneiders Weinstube
schneiders-weinstube.de

Weinstube im Baldreit
Küferstrasse 3, 76530 Baden-Baden
Tel: +49 7221 23136

Verona
Il Desco
ristoranteildesco.it

Casa Perbellini
casaperbellini.com/it/

Trattoria Al Pompiere
alpompiere.com

Trattoria Dal Gal
trattoriadalgal.com

Pizzeria Leon d'Oro
pizzerialeondoro.com

Aix-en-Provence
Mickaël Féval
mickaelfeval.fr

Pierre Reboul
chateaudelapioline.com/fr/

Pointe Noir
pointenoire.fr/carte

L'Epicurien
facebook.com/resto.lepicurien/

Chez Fonfon
chez-fonfon.com

Chez Michel
restaurant-michel-13.fr

New York
Jean-Georges
jean-georges.com

Marea
marea-nyc.com

Nobu 57
noburestaurants.com/fifty-seven

Kappo Masa
kappomasanyc.com/home

Café Sabarsky
neuegalerie.org/cafes/sabarsky

Mörbisch
Gut Oggau
gutoggau.com

Taubenkobel
taubenkobel.com

Wirtshaus im Hofgassl
hofgassl.at

Salzburg
Goldener Hirsch
goldenerhirsch.com/de

Blaue Gans
blauegans.at

M32
m32.at

Esszimmer
esszimmer.com

Krimpelstätter
krimpelstaetter.at

Bärenwirt
baerenwirt-salzburg.at

Obauer
obauer.com

Bregenz
Raddampfer Hohentwiel
hohentwiel.com

Mangold
restaurant-mangold.at

Guth
restaurantguth.at

Mehdafu
schoenblick.at/restaurant
/restaurant-mehdafu

Gourmet in der Gamsstadt

In Kitzbühel, dem mondänsten Skiort in den österreichischen Alpen, hat sich eine ganz eigene Restaurant- und Skihüttenkultur entwickelt.

Über 1000 Meter Seehöhe war es viele Jahre nicht einfach, etwas Ordentliches zum Essen zu bekommen. Was auf den diversen Skihütten angeboten wurde (und leider noch immer wird), lässt sich leicht zusammenfassen: fade Nudel- oder Leberknödelsuppe, Würstel wahlweise mit Linsen oder Pommes und riesige Germknödel, die dank ihrer Konsistenz auch für jede Art von Ballspiel geeignet waren. Wie schön, dass es jetzt Ausnahmen gibt! Zum Beispiel die „vermutlich älteste Skihütte der Welt", die es sich zum Ziel gesetzt hat, die beste Gourmethütte – zumindest in Tirol - zu werden. Ihr umtriebiger Besitzer Christian Harisch, Kitzbüheler Hotelier und Betreiber der Luxus-Wellnessoase Lanserhof, hat die Südtiroler Restaurateursfamilie Marzola, die schon die Comici-Hütte in Grödner Tal zum Gourmettreffpunkt gemacht hat, nach Tirol geholt – und die hat das „**Sonnbühel**" komplett umgemodelt.
Zwei Haubenköche aus dem Friaul tischen eine Sterneküche auf, die mehr als nur einen Zwischenstopp auf der Skipiste wert ist. Mitten in den Kitzbüheler Bergen gibt es auf 1200 Metern Höhe nicht nur Tiroler Gröstl, sondern hausgemachte Spaghetti mit Scampi, nicht nur Wiener Schnitzel, sondern fangfrischen Branzino in Salzkruste. Aber Interessierte seien gewarnt: Es muss rechtzeitig reserviert werden, denn die Marzolas sehen sich nicht nur als Skihütte, sondern auch als Gourmettreffpunkt in den Bergen.
Auch der frühere Betreiber des „**Sonnbühel**", der Münchener Gastronom Tomschy, hat neben der Bergstation Hahnenkamm das „Restaurant Hochkitzbühel", jetzt „**Bei Tomschy**" umgebaut und sorgt für respektable Qualität nicht nur beim Essen, sondern auch beim Trinken. Statt Skiwasser und Wodka mit Pflaume gibt's eine Weinkarte vom Feinsten. Sie verleitet dazu, auch den Abend in luftiger Höhe zu genießen und erst mit der letzten Gondel wieder talwärts zu fahren.
Mein persönlicher Geheimtipp liegt etwas unterhalb des Sonnbühel – mit den Skiern den Ziehweg runter und dann scharf links, dort steht die „**Melkalm**". Vater Hans und sein Sohn Alex Pölzelbauer schaffen auf je zwei Kochstellen bis zu 700 (!) frische Gerichte

täglich. Unfassbar, weil es ihnen trotz des Andrangs gelingt, hervorragende Qualität zu liefern. Ich behaupte, nirgendwo in den Kitzbüheler Alpen werden Sie ein besseres Tiroler Gröstl finden, mit oder ohne Blutwurst, mit oder ohne Spiegelei. Und den Kaiserschmarrn würde man sich am liebsten einpacken und mit nach Hause nehmen. Fragen Sie meine Frau!

Ripperlsalat und Krautwickler vom Reh

Von der luftigen Höhe zurück ins Tal: Gehobene Wirtshäuser mit regionaler Küche heißt hier das Zauberwort. Christian Winkler, Chef des „**Auwirts**" bei Kitzbühel, schwört darauf. „Gemütlich, zwanglos soll es sein – und einfach gut schmecken", findet er. 110 Sitzplätze hat der „**Auwirt**" in Aurach, ein paar Kilometer von der Gamsstadt entfernt. Seitdem die Filmproduzentin Susanne Porsche das Haus gekauft, renoviert und die Gebrüder Winkler als Gastgeber verpflichtet hat, haben die zwei Steirer (der eine in der Küche, der andere im Service) den „**Auwirt**" binnen zwei Jahren zum Hotspot von Kitzbühel und Umgebung gemacht. Wer's modern haben will, geht am Eingang nach links in den hellen, modernen Gastraum, Konservative wie ich biegen nach rechts in die alte Wirtsstube ab. Da wie dort gibt es beste Wirtshausküche vom Ripperlsalat über ein perfektes Reisfleisch bis zur ganzen Forelle und Krautwickler vom Reh. Regionale Spezialitäten vom Feinsten, so, wie sich's gehört.
Nur fünf Kilometer weiter in Jochberg, oben am Hang, steht das Familienhaus der Aufschnaiters. Vor 20 Jahren haben sie noch in ihrem privaten Wohnzimmer für ein paar ausgesuchte Gäste Schlutzkrapfen, Schweinsbraten und Heidelbeer-Nocken aufgetischt. Heute ist der ganze zweite Stock eine gemütliche Wirtsstube, die Sohn Anton am Herd und Schwiegertochter Michaela im Service mit viel Herz betreiben. Den Schnaps brennt der alte Herr im „**Bärenbichl**"

noch selber und die p.t. Gäste sind gut beraten, das eine oder andere Fläschchen Kräuter-, Marillen- oder Vogelbeerbrand zu Schnäppchenpreisen mit nach Hause zu nehmen.

Promi-Auflauf beim „Stanglwirt“

Kitzbühel ist ja bekannt für seine Promi-Aufläufe. Besonders bei Balthasar Hauser, dem bekannten Stanglwirt, dessen Erfolg und Klientel sogar den Neid der „echten“ Kitzbüheler geweckt haben. Denn der „**Stanglwirt**“ befindet sich eigentlich 15 Kilometer vor Kitzbühel in der Mini-Gemeinde Going. Heute begrüßen die Kinder Elisabeth, Maria und Johannes die Gäste – von Arnold Schwarzenegger über die Fußballgrößen Franz Beckenbauer, Oliver Kahn, ab und zu auch unseren Paradekicker David Alaba bis hin zu Schauspielgrößen wie Matthias Schweighöfer. Am besten zu „besichtigen“ beim abendlichen Aperitif oder im Alm-Restaurant beim tadellosen Tafelspitz. Nur bitte keine Selfies! Die Herrschaften sind schließlich auf Urlaub.
Am Zielhang der Streif im „**Rasmushof**“ führt Signe Reisch, Kitz-Urgestein (darf man das bei einer Dame überhaupt so sagen?) und oberste Tourismus-Hüterin, das Kommando. Bodenständig, freundlich, aber mit wenig Hang für Promi-Promotion, umsorgt sie beim Hahnenkammrennen nicht nur Formel-1-Zampano Bernie Ecclestone, sondern auch gekrönte Häupter wie die schwedische Königin Silvia samt ihrem Carl-Gustaf sowie den jeweils amtierenden Bundeskanzler. Wer rechtzeitig reserviert, kriegt in der Tiroler Stube österreichische Küche vom Feinsten, Tisch an Tisch mit den Obengenannten.

Donauwaller, Lumaschwein und Nanteiser Ente

Eine Viertelstunde vor Kitzbühel liegt Kirchberg, im Winter eigentlich holländisches Territorium mit vielen Appartements, auf das die

Melkalm

Hochkitzbühel

Kitzbüheler (seid's ehrlich, Freunde!) ein bisserl runterschauen. Und gerade dort hat Simon Taxacher die elterliche Pension in eine Gourmethochburg verwandelt. Zimmer gibt's immer noch, sehr schöne Relais & Chateau-Refugien sogar, aber das Restaurant „**Rosengarten**" ist der Hit, die erste Gourmetadresse im Westen, österreichweit unter den Top Five. Sogar aus den USA pilgern Gourmets heute nach Kirchberg, um seine französisch-mediterrane Küche zu zelebrieren. Kein Tiroler Designkitsch, strenge braune Holztische samt grauer Designer-Fauteuils und auf dem Teller fein zieselierte Hochküche: Donauwaller mit Bronzefenchel, Lumaschwein mit fermentierten Schalotten, Nanteiser Ente mit Topinambur. Wirklich grandios, Paris lässt grüßen und kann neidisch sein. Auch bei den Preisen: 162 Euro für sieben Gänge und 244 für die vollen elf Gänge. Wer's erschwinglicher haben will, bucht im „**Rosengarten Bistro**". Da kann man schon um einen Bruchteil Taxachers Küche ausprobieren, nur etwas bodenständiger.
Während der Rennen und an den Festtagen sind viele der hier erwähnten Hotspots leider schon ausgebucht, aber vielleicht gibt's im letzten Moment eine Absage. Am besten ist es ohnehin, etwas später nach Kitz zu kommen. Ab Mitte Jänner, nach dem Hahnenkammrennen, wenn die Pisten nicht überfüllt, sondern locker befahrbar sind. Und wenn die Hütten, Restaurants und Wirtshäuser auch für die Besuche von unsereins dankbar sind. Weil die Touristenmeute weitergezogen ist.

~ MEINE TIPPS ~

Skihütten

Sonnbühel
sonnbuehel.at

Hochkitzbühel
beitomschy.at

Melkalm
gasthof-melkalm.at

Restaurants

Auwirt
auwirt-gebrueder-winkler.at

Rosengarten Simon Taxacher
rosengartentaxacher.com

Tennerhof
tennerhof.com

Stanglwirt
stanglwirt.com

Lois Stern
loisstern.com

Tiroler Stube (Rasmushof)
rasmushof.at

Wirtshäuser

Bärenbichl
baerenbichl.at

Hallerwirt
hallerwirt.at

Weihnachten bei Königen

Die schönste Zeit des Jahres: Zwischen Lech, Zug, St. Anton und St. Christoph ist sie besonders schön. In keiner österreichischen Skiregion gibt es mehr Sterne, Gabeln und Hauben als am Arlberg.

50 Jahre ist es her, da hat der junge Adi Werner das „**Hospiz**“ in St. Christoph übernommen. Nobel war damals schon das Hotel, die Gastronomie weniger. „Beim Abendessen gab's die übliche Frage: Bier oder Wein? Weiß oder Rot? Ein Viertel oder einen halben Liter?“, erinnert er sich. Gäste wie seinerzeit der Industrielle Friedrich Karl Flick, Zeitungsverleger Axel Springer oder BMW-Eigentümer Quandt aber wollten mehr, nämlich einen ordentlichen Bordeaux. Und so zog der Adi nach Frankreich, kaufte seine ersten Bordeaux-Weine ein und dinierte bei Bocuse, um auch in die Käsespätzle-Schnitzel-Küche etwas modernen Schwung zu bringen.
Heute lagern im Weinkeller des „**Hospiz**“ 62.000 Flaschen, davon 2900 Großflaschen mit zwölf bis 18 Litern „Fassungsvermögen“ – Balthasar, Nebukadnezar, Melchior, wie sie die Zaren, die Erfinder dieser voluminösen Sammlerstücke, genannt haben. „So hat die gastronomische Revolution am Arlberg begonnen“, sagt die „**Hospiz**“-Legende stolz. „Und heute ist der Arlberg das kulinarische Zentrum der Alpen.“
Da hat er Recht, der Adi. Zumindest in keiner österreichischen Region gibt es heute mehr Sterne, Gabeln und Hauben als am Arlberg. Vorreiter ist natürlich das mondäne Lech, Treffpunkt der Polit- und Wirtschaftsprominenz. Dort präsentiert die „**Griggeler Stuba**“ Vorarlberger Feinschmeckerküche. Die Chefs, Thorsten Probost und Sascha Möller, beziehen Fisch und Fleisch aus der Gegend und servieren ein tagesaktuelles Menü – je nachdem, welcher Teil vom Kalb in der Reifekammer gerade optimal ist oder welchen Fisch der Andi Mittermayr aus seinem Lecher Teich rausgefischt hat.

„Murmeli“ und „Krazy Kanguruh“

Unten im Tal rittern das „**Aurelio's**“ im gleichnamigen Hotel und das „**Restaurant im Almhof Schneider**“, nur 200 Meter voneinander entfernt, um die Krone der besten Gastronomie. Das „**Aurelio's**“ punktet mit Ötztaler Bauernsalat mit Kartoffel-Espuma und

Restaurant Hus Nr. 8

geschmorten Lammbackerln mit Sellerie und Brombeere. Im Almhof gibt man sich verspielter: Kässpätzle mit krosser Hühnerhaut, Huchen mit Rhabarber oder Zweierlei von der Gams. Urteil der Testesser: Das „**Aurelio's**" hat derzeit die Nase vorne.
Aber damit hat sich die Kulinarik in Lech nicht erschöpft. Zu Mittag muss man unbedingt ins „**Murmeli**" von Oberlech auf die herrliche Terrasse, wer's italienisch mag, pilgert ins „**La Fenice**".
Die holländische Königsfamilie findet man in einer der Stuben des Gasthofs „**Post**". Dort haucht Küchenchef David Wagger der etwas verstaubten Küche neues Leben ein. Im „**Severin's**" versucht Stephan Kriegelstein, der unter anderem im „**Noma**" gelernt hat, mit den Großen in Lech mitzuhalten. Beim Acht-Gänge-Menü gibt's alles von Gänseleber, Makrele bis Heilbutt, Taube und Ziege.
Und wo kann man auch zu normalen Preisen essen gehen? Jawohl, das geht sogar in Lech. Zum Beispiel in der „**Schneggarei**" (wirklich gute Fondues), im „**Hus 8**" (Gröstl, Knödel, Schweinsbraten) oder im „**Fux**" (das beste Sushi von Lech).
Nicht ganz so ausgeprägt ist die kulinarische Szene auf der anderen Seite des Arlbergs in St. Anton. Dort wird mehr gefeiert und getrunken, und statt mondän heißt es jung und crazy, wofür vor allem das „**Krazy Kanguruh**" steht, nicht nur für Australier ein Geheimtipp. Fürs gute Essen gibt es jedoch eine beschränkte Auswahl.
Nummer eins ist seit Jahren der „**Tannenhof**", wo der Brite James Baron (hat in der Schweiz und in Liechtenstein gelernt) eine sehr kreative alpine Küche kreiert. Wer zu den Feiertagen dort ist, sollte unbedingt das Weihnachtsmenü probieren. Daneben kann nur noch das „**Raffl's**" im St. Antoner Hof mithalten, wo Jakob Lilg unter dem Titel „Eat Love" Haubenmenüs mit Fisch und Fleisch oder auch ganz vegan serviert.

Aber zurück nach Lech. Besser gesagt, in die 120-Seelen-Gemeinde Zug, zehn Minuten vom Lecher Zentrum entfernt und am besten mit der Pferdekutsche zu erreichen. Als die Formel 1 noch spannend war und Michael Schumacher seine Rekordrunden drehte, repräsentierten zwei Wirte aus Zug den Gipfel der Formel-1-Kulinarik. Karl-Heinz Zimmermann kochte für Bernie Ecclestone und alle seine Gäste vom spanischen König bis zu Sylvester Stallone. Zimmermann war auch Ecclestones bevorzugter Backgammon-Spielpartner, oft bis in die Nacht. Schräg gegenüber im BMW-Motorhome kredenzte Joschi Walch seinem Ziehsohn Sebastian Vettel, der damals noch nicht einmal die Matura hatte, Käsespätzle und die besten Steaks des Fahrerlagers. Ja, die Formel 1 war tatsächlich kulinarisch fest in Arlberger Hand.
Aus der Formel 1 haben sich beide zurückgezogen und kochen – wiederum gegenüber – nun in ihrem Heimatdorf Zug auf. Karl-Heinz Zimmermann setzt in seinem „**Alpenblick**" auf feine regionale Küche. Joschi Walch ist gar angetreten, die Nummer eins am Arlberg zu werden – und zwar mit Erfolg. Sein „**Schualhus**" gilt als Topadresse der ganzen Region. Nur 16 Sitzplätze gibt es, die barartig rund um die offene Küche angesiedelt sind. Vorbild war der Drei-Sterne-Tempel „Brooklyn Fare", der in New York für Furore sorgt. Von dort hat der Joschi auch seinen Küchenchef geholt. Max Natmessnig hat im Steirereck begonnen, bei Sergio Hermann (dem besten Holländer) und bei Daniel Humm, der Nummer eins auf der „World 50 Best" Liste war, und jetzt werkt er eben im „**Schualhus**".
Bei Joschi und Max kommt alles aus Vorarlberg. „Ich hab genug von der Schnitzel- und Schweinsbratenküche, ich wollte einfach eine verfeinerte Vorarlberger Regionalküche servieren", sagt Walch, und sein Küchenchef zählt auf, woher die Produkte kommen: Die 18-jährige Kuh vom Vetterhof in Lustenau, der Saibling aus Lech, der Bergkäse

Fux

Raffl's

aus dem Bregenzerwald etc. Das 20-gängige Menü, das über die Feiertage gekocht wird, lässt keine Wünsche offen: Käse mit Birne, Forelle mit Kren, Hühnerleber mit roter Rübe, Saibling mit Kürbis und natürlich die 18-jährige Milchkuh. Wer das alles zu den Feiertagen verkosten will, sollte sich schnell melden. Prinzipiell ist das „**Schualhus**" ausreserviert. Aber vielleicht kann der Joschi noch den einen oder anderen Platz herzaubern .
Zu guter Letzt: Wohin gehen die Arlberger Weltmeister und Olympiasieger, wenn sie's gemütlich haben wollen? Karl Schranz, der dreifache Champion aus St. Anton, empfiehlt natürlich den „**Tannenhof**" und fürs Rustikale den „**Mooserwirt**" oder die „**Rodelalm**". Sein Pendant aus Lech, Abfahrts-Olympiasieger Egon Zimmermann, macht am liebsten einen Ausflug ins „Holzgauerhaus" in Lechleiten, um seine Käsespätzle zu genießen. Schöne Tage am Arlberg!

~ MEINE TIPPS ~

St. Christoph

Hospiz am Arlberg
arlberg1800resort.at

Lech

Griggeler Stuba
burgvitalresort.com de/kulinarik/griggeler-stuba

Aurelio's
aureliolech.com

Restaurant im Almhof Schneider
almhof.at

Murmeli
murmeli.at

La Fenice
arlberghotel.at

Gasthof Post
postlech.at

Severin's
severins-lech.at

Schneggarei
schneggarei.at

Restaurant Hus Nr. 8
hus8.at

Fux
fux-mi.net

St. Anton

Tannenhof
hoteltannenhof.at

Raffl's
raffls.com

Zug

Alpenblick
lech-zuers.at/restaurants-lech/alpenblick

Schualhus
rotewand.com/de/essen-trinken/schualhus

Tipp von Egon Zimmermann

Holzgauerhaus
holzgauerhaus.at

Tipps von Karl Schranz

Mooserwirt
mooserwirt.at

Rodelalm
rodelalm.com

Mehr Hotspots im Schnee

Und hier finden Sie die besten Restaurants, Wirtshäuser und Hütten vom Ötztal über St. Moritz bis nach Südtirol.

Fangen wir mit James Bond an, genauer gesagt mit *Sölden* im Ötztal, immerhin die Gemeinde mit den zweitmeisten Nächtigungen in Österreich. Auf 3000 Meter Höhe am Gaislachkogel steht das „**ice Q**", ein futuristisches Monument mit dem Blick auf drei andere Dreitausender. Dort wurde der James-Bond-Film „Spectre" gedreht, allerdings diente das moderne Glas-Stahl-Bauwerk als Klinik in den Alpen, wo Bösewicht Christoph Waltz sein Unwesen trieb.

In Wahrheit ist das „**ice Q**" das höchstgelegene Gourmetrestaurant Österreichs – mit Fine Dining im Erdgeschoß und Tapas im ersten Stock. Ich erinnere mich vor allem an die wunderbaren Mehlspeisen – von der „**ice Q**"-Torte mit Nougat und Preiselbeeren bis zum Mohn-Ribisel-Strudel. Und gleich daneben hat „**ice Q**"-Erfinder und Eigentümer Jacky Falkner in den Berg eine James-Bond-Erlebniswelt gebaut, wo man die spektakulärsten Szenen aus „Spectre" und anderen Bond-Filmen hautnah erleben kann. „Da waren seit letztem Jahr schon Besucher aus mehr als 100 Ländern drinnen", ist er zu Recht stolz auf sein Projekt.

Aber auch unten im Tal wird Genuss großgeschrieben, etwa in der „**Ötztaler Stube**" vom Hotel Central in Sölden oder im „**Edelweiß & Gurgl**" in Obergurgl. Nur an guten Wirtshäusern fehlt's, da haben leider die meisten zugunsten von Pizzerien und Burger-Läden zugesperrt. Wer richtig tirolerisch essen will, muss dann schon ins vier Kilometer entfernte Zwieselstein in die „**Neue Post**" pilgern.
Im *Zillertal* steht mit Alexander Fankhauser ein Fernsehliebling in der Küche der „**Lamark Stube**" in Fügenberg. Drei Hauben hat er, sein Menü von Blunzen/Calamari bis Saibling/Kalbskopf ist klassisch mit Tiroler Einsprengseln. Mir ist am stärksten das perfekte Lammbeuscherl mit Bärlauch in Erinnerung geblieben. Trotz Auftritten steht Alexander fast immer im Zillertal am Herd: „Vor allem in der Skisaison kann sich jeder drauf verlassen, dass ich selbst koche."

Kaiserschmarrn auf der Kristallhütte

Wirklich tirolerisch geht's zehn Kilometer weiter unten im Tal in der „**Linde**" in Stumm zu, das frische Wild kommt aus der eigenen Jagd. Und wer in luftiger Höhe genießen will, besucht am besten die „**Kristallhütte**" im Hochzillertal. Mit der silbernen Gondelbahn auf 2000 Meter (mit oder ohne Ski) und beim herrlichen Ausblick Tiroler Gröstl und Kaiserschmarrn probieren, dafür ist die „**Kristallhütte**" bekannt. Inklusive DJ-Lounge, für den, der so was braucht.

Weiter nach *Ischgl*, bitte nicht den Kopf schütteln! Ischgl ist zwar als Party- und Après-Ski-Metropole verschrien, kann aber eine Kulinarik vorweisen, die mit dem nahen Arlberg mithält.

Gleich zwei Toplokale, die zu den besten in Österreich zählen, stehen vor oder statt Partytrubel zur Auswahl. Martin Sieberer in der „**Paznaunerstube**" und Benjamin Parth im „**Stüva**" liefern sich ein Kopf-an-Kopf-Rennen ums beste Menü und um die beste Küche in Ischgl. Sieberer ist der Platzhirsch, schon im Jahr 2000 war er „Koch des Jahres" und hat die Qualität seit damals gehalten. Und Benjamin Parth, „Koch des Jahres 2019", ist sein Herausforderer um die beste Gourmetküche.

Kristallhütte

ice Q

Bodenständiger kann man in Sieberers Zweitlokal, der „**Heimatbühne**" (nomen est omen), essen. Dort gibt's alles aus der österreichischen Küche, vom Paznauner Schaf bis zum Spanferkel.

Auch für Ischgl gilt, dass die Wirtshäuser leider aussterben. Eine Spaghetteria für die Massen rechnet sich beim internationalen, meist sehr jungen Publikum leichter. Eine Ausnahme ist die „**Walserstube**", wo man sich neben dem Holzherd in die alte Rauchkuchl setzen und dort Kässpätzle oder ein Tiroler Tris mit Schlutzkrapfen, Spinat- und Kaspressknödel bestellen kann.

Das „Ski amadé" in *Salzburg* ist aus dem österreichischen Skizirkus nicht wegzudenken, auch dank Hermann Maier und Marcel Hirscher.

Gastronomisch haben die Salzburger aber gegenüber den Tirolern noch einiges aufzuholen. Zwar gibt es mit Johanna Maier in

Filzmoos und Andreas Mayer in Zell am See zwei Spitzenlokale, die abseits der Skipiste für Furore sorgen, aber sonst wird in den Skigebieten eher auf kleinerer Flamme gekocht.

Bleiben wir bei Österreichs Topköchin, die sich mit ihrem „**Das Maier**“ zwar aus dem Sterne- und Haubengeschäft zurückgezogen hat („Ich mach da nicht mehr mit!“), aber auch ohne Hauben großartig wie immer kocht. Wenn Patron Dietmar zum Abschluss noch einen Bauernschnaps aus der Umgebung serviert, ist auch der dumme Sturz auf der Abfahrt von der Schörgi Alm vergessen. Und in Zell am See ist Andreas Mayer auf Schloss Prielau schon längst aus dem Schatten seines Vorgängers Jörg Wörther herausgetreten. Sein wirklich stimmiges „Aromen“-Menü greift dankenswerterweise auch auf heimische Produkte zurück: Die Krebse kommen aus Saalfelden, das Huhn vom Zeller See und die Gams aus dem Pinzgau.

Natürlich wollen wir nicht auf unsere steirischen und Kärntner Freunde vergessen. *Schladming* kann mit dem publikumsstärksten Skirennen und mit der Dachsteinregion aufwarten. Zum Skifahren großartig, beim Essen gibt's Luft nach oben. Meine Freunde, auf die ich mich verlassen kann, gehen am liebsten zum „**Johann**“ im Posthotel oder fahren ein paar Kilometer weiter zum „**Grafenwirt**“ in Aich.

Finale Grande in Kärnten, in *Bad Kleinkirchheim*, dem Skigebiet, das unser Franzi Klammer berühmt gemacht hat: Hier hat die verfeinerte regionale Küche Einzug gehalten. Etwa in der „**Ronacher Stube**“, wo Chefin Simone stolz darauf ist, dass fast alle Grundprodukte aus der Umgebung kommen. Die Kärntner „Laxn“ (eine Art Saibling) genauso wie das Rind für Tafelspitz oder Zwiebelrostbraten. Unbedingt verkosten muss man die selbstgemachten Kärntner Kas-, Spinat- und Fleischnudeln.

Kalbsbäggli vom Schweizer Starkoch

Bleiben noch St. Moritz und Südtirol. Im Engadin lässt der deutsche Superkoch Tim Raue aufkochen. Seine asiatische Gourmetküche, mit der er in Berlin zwei Michelin-Sterne bekommen hat, wird eins zu eines ins „**K**“ des Kulm-Hotels übertragen. „Da gibt's keine Abstriche, in St. Moritz garantiere ich für die gleiche Qualität“, sagt der deutsche Überflieger. Fürs „Fine Dining“ empfiehlt er noch das „**Giardino**“ im gleichnamigen Mountain-Resort oder das „**Igniv**“ des Schweizer Starkochs Andreas Caminada – alle Produkte vom Rind bis zum Käse kommen natürlich aus der Schweiz. Und wer einfachere Schweizer Küche verkosten will, den schickt Tim Raue ins „**Dal Mulin**“ zu Markscheiben und Kalbsbäggli.

Das Regionalkonzept hat sich also überall in den Alpen durchgesetzt. Experte Tim Raue: „Der Trend geht auch in St. Moritz weg von 100 Kilo Kaviar und zehn Liter Bordeaux, statt Luxus ist Entspannung angesagt!“ Nur auf seine Trüffelpizza bei Reto Mathis will er nicht verzichten. Reto hatte jahrzehntelang in der Bergstation der Corviglia vom Schah von Persien bis zum unvermeidlichen Donald Trump die Prominenz von St. Moritz verköstigt, heute hat er sich in seinen „**CheCha**“ Club oberhalb von St. Moritz zurückgezogen – die Trüffelpizza schmeckt noch immer gleich gut.

Im Gourmethimmel von Südtirol

Als letzte Alpenregion ziehen wir nach Südtirol, nach St. Kassian, 30 Kilometer westlich von *Cortina d'Ampezzo*. Dort werkt einer der größten der Koch-Zunft: Norbert Niederkofler, mit drei Sternen im Gourmethimmel angekommen. Zu ihm ins „**St. Hubertus**“ pilgern nicht nur im Winter die Skitouristen, sondern auch die Feinschmecker aus der ganzen Welt. Er war einer der Ersten, die alles, was nicht regionaler Herkunft war, von der Speisekarte verbannten und mit den Bauern in der Umgebung per Handschlag Verträge abschlossen. „Fleisch, Fisch, Gemüse, Kräuter – alles kommt von rundherum!“ Angeblich, so sagt die Fama, besucht er das, was später in seiner Küche landet, auch vor Ort auf dem Bauernhof.

Sein Schüler und „Aufsteiger des Jahres“ (Gault Millau) Matteo Metullio im „**La Siriola**“ um die Ecke hat sich das abgeschaut und auch im „**Sanbrite**“, einem Landhaus etwas außerhalb von Cortina, kommen nur frische Produkte aus der Region auf den Teller.

~ MEINE TIPPS ~

Ötztal

ice Q
iceq.at

Ötztaler Stube
central-soelden.com/en/gourmet/culinary-and-wine/oetztaler-stube

Obergurgl

Edelweiß & Gurgl
edelweiss-gurgl.com

Zwieselstein

Neue Post
post-soelden.at

Fügenberg

Lamark Stube
lamark.at

Stumm

Landgasthof Linde
landgasthof-linde.at

Kaltenbach

Kristallhütte
kristallhuette.at

Ischgl

Paznaunerstube
trofana-royal.at/gourmethotel-ischgl/paznaunerstube

Stüva
yscla.at/restaurant-ischgl

Heimatbühne
trofana-royal.at/gourmethotel-ischgl/heimatbuehne

Walserstube
wirtshaus-walserstube.at

Filzmoos

Das Maier
dasmaier.at

Zell am See

Mayer's Restaurant
mayers-restaurant.at

Schladming

Johann
posthotel-schladming.at/de/johann

Aich

Grafenwirt
grafenwirt.at

Bad Kleinkirchheim

Ronacher Stube
ronacher.com/kulinarium/lieblingsrestaurant

St. Moritz

The K by Tim Raue
kulm.com/de/kulinarik/restau-rants/the-k-by-tim-raue/

Giardino
giardino-mountain.ch

Igniv
igniv.com

Dal Mulin
dalmulin.ch

CheCha
chesa-chantarella.com

Südtirol

St. Hubertus
rosalpina.it

La Siriola
ciasasalares.it

Sanbrite
sanbrite.it

Leben im Hotel

Unlängst in Barcelona bei der Formel 1: Ich würde gerne schlafen, aber wie löscht man das Schreibtischlicht im Hotelzimmer? Keine Chance, der verfluchte Schalter ist nicht zu finden. Da hilft nur eines: die Sicherung raus, damit's endlich finster wird – aber leider wird dann am Morgen auch der Handyakku leer sein …

Sie kennen das? Dann sind Sie sicher auch jemand, der über das Leben im Hotel ein Lied singen kann. Übrigens, der Lichtschalter im „H10 Barcelona" war winzig klein und hinter einer Konsole versteckt. „Ja, ja, den haben schon viele nicht gefunden", erklärt der Concierge leutselig. Aber wie kommt man als zahlender Gast eigentlich dazu, Opfer des Design-Wahnsinns von Innenarchitekten zu werden? Und wenn man wie ich mehr als 200 Tage im Jahr fremdschlafen muss, kommt einem einiges unter.

Zum Beispiel die Suche nach einer Steckdose zum Aufladen des Handys – im „W Hotel" in London findet man diese unter (!) dem Waschbecken. Im Berliner „Hilton" wiederum spritzt der Wasserstrahl derart heftig ins ovale Waschbecken, dass meine Frau ihr Abendkleid kurzfristig mit dem Föhn trocknen musste. Und dann erst die Duschen. Ist es denn wirklich so schwer, eine Armatur zu finden, mit der man ganz einfach auf- und abdrehen und heiß und kalt wählen kann? Im „Waldorf Astoria" in New York habe ich sieben Schalter gezählt und erst die Einschulung durch den rührenden Bell Boy hat mir die heißersehnte Dusche ermöglicht.

Oder gar erst das Abenteuer im „W Hotel" Amsterdam – ja, bei den W Hotels dürfen sich die Architekten so richtig austoben: Fünf Minuten lang habe ich versucht, die Regendusche anzuschalten. Wo immer ich auch drehte, nix passierte. Erst als ich später, schon angezogen, bei einer neuerlichen Inspektion mit den Ellbogen gegen die Wand stieß, ging die Dusche los. Und ich musste anschließend in trockene Kleidung wechseln. Des Rätsels Lösung: ein schwarzer Fleck auf der Duschwand fungiert als Touchpoint. Verdammt noch einmal, wie soll man das wissen?

Sehr beliebt sind auch irreführende Versprechen. Der angekündigte Meeresblick vom Zimmer im „Shore Hotel" in Miami war nur dann

zu erhaschen, wenn man sich so deutlich über die Balkonbrüstung lehnte, dass der Absturz drohte. Oder der Wörthersee-Blick im „Mösslacher" in Velden, der direkt auf den Hotelparkplatz mit einer winzigen Ritze in die Ferne ging, wo man das Blau des Sees nur vermuten konnte. Und hätte ich gewusst, dass der wunderbare Balkon mit Blick auf die Bay von Kapstadt durch den stürmischen Wind am Kap praktisch nicht benützbar sein würde, hätte ich auch woanders gebucht. Ganz sicher.

Nackt vor der Rezeption

Das Leben im Hotel hat manchmal amüsante, manchmal peinliche Seiten, jedenfalls kann man immer Geschichten erzählen. Über den unfreiwilligen FKK-Auftritt im „Radisson" in Bukarest etwa, als nächtens kurzfristig der Feueralarm anging und ich aus der Dusche nur mit einem kleinen Handtuch „bekleidet" vor die Zimmertür ging, um nach dem Rechten zu sehen. Die Tür fiel ins Schloss und

Soho House, Berlin

ich musste mir im allzu knappen Handtuch-Outfit an der Rezeption eine neue Zimmerkarte besorgen. Glücklicherweise war die junge Dame, bei der ich eingecheckt hatte, schon von einem älteren Rezeptionisten abgelöst worden, der meine Aufmachung mit sichtlichem Amüsement verfolgte.

Im „American Colony Hotel" in Jerusalem steige ich sehr gerne ab. Schöne, große Zimmer mit Terrasse und einen herrlichen Innenhof, wo Palästinenser-Chef Arafat mit dem israelischen Premierminister Rabin den ersten Friedensvertrag aushandelte. „Die haben während der Verhandlungen auch hier im Hotel gewohnt", erklärte mir letztes Mal der aufmerksame Portier. Eine Stunde später, ich befand mich schon im ersten Tiefschlaf, klingelte es an der Tür. „Ich habe mich erkundigt, in Ihrem Zimmer hat Jassir Arafat geschlafen!", eröffnete er mir. Danke sehr für die mitternächtliche Info, zum Frühstück hätt's auch gereicht.

Den chilenischen Concierge Sergio werde ich auch nicht vergessen, an ihm ist ein Privatdetektiv verloren gegangen. Ich hab mein

Handy im Taxi liegen gelassen – natürlich keine Ahnung vom Kennzeichen, nicht einmal, wie die Taxifirma heißt. Doch dann macht sich Sergio an die Arbeit, screent die Kamera vorm Eingang, leider auch keine Nummer zu sehen, nur die Gäste – zwei Damen in weißen Kleidern, die mit meinem Taxi vorgefahren waren. Sergio schaut sich die Aufzugskameras an, entdeckt die beiden im Dachrestaurant. Das war ein Taxi vom „Marriott“-Hotel, klären sie ihn auf – und tatsächlich findet der kriminalistische Concierge meinen Taxifahrer vor dem „Marriott“, wo er auf den nächsten Fahrgast wartet. Und mein Handy liegt noch immer auf dem Rücksitz ...

Charlotte Street Hotel

Fünf Goldene Regeln

1. Lieber eine bekannte Hotelkette buchen als ein unbekanntes Designer-Hotel. Denn Hyatt, Hilton, Sheraton & Co wollen Sie auch anderswo beherbergen und zum Stammgast machen. Designer-Hotels hingegen wissen, dass Sie vielleicht nie mehr wiederkommen.

2. Recherchieren macht schlau. Lesen Sie die Hotelkritiken bei Expedia, booking.com und TripAdvisor – die sind ehrlicher als die Selbstbeschreibungen. Und schauen Sie auf Google Earth, da können Sie genau sehen, ob das Hotel wirklich am Strand oder zwei Gassen dahinter liegt.

3. Nix essen, nix trinken, nix telefonieren. Die meisten Hotels machen ihren Profit auch über die Nebenkosten, und die haben sich gewaschen. Das Frühstück im Café nebenan kostet nur die Hälfte, das Telefonieren mit dem Handy ist ohnehin in Ihrem Vertrag inkludiert und das Mineralwasser gibt's im Shop für einen statt sieben Euro.

4. Trinkgeld immer vorher geben. Ob Bell Boy, Concierge oder Zimmermädchen – wer gleich am Anfang einen schönen „Tip" gibt, der kann darauf hoffen, dass sich dieser auf den Service während des Aufenthalts auswirkt. Nachher zu spenden bringt höchstens was für den nächsten Aufenthalt – wenn sich das Servicepersonal noch erinnern kann ...

5. Auf das Zimmer kommt es an. Nach vorne mit Ausblick oder nach hinten ruhig? Unterwegs mit den Kindern, zwei Zimmer oder eine Suite? Erster Stock mit Blick auf den Parkplatz oder letzter Stock mit Höhenangst? Unbedingt bei der Buchung alles klären, online oder notfalls durch einen direkten Telefonanruf, das hilft meistens. Und nicht immer das erste angebotene Zimmer nehmen. Lästig, aber freundlich sein, um ans beste Zimmer zu kommen. Ein langjähriger mitreisender Freund pflegte meine Suche nach dem optimalen Schlafplatz bei einem Espresso abzuwarten. Um dann dem Rezeptionisten zu sagen: „Ich möchte genauso ein Zimmer wie er."

Wie sagte schon der alte Knigge? „Zum Reisen gehört Geduld, Mut, Humor. Und dass man sich durch kleine widrige Zufälle nicht entmutigen lässt."

~ MEINE TIPPS ~

Berlin

The Regent Berlin
Freundlich, effizient,
regenthotels.com/regent-berlin

Soho House
Hip, Pool am Dach,
Clooney-getestet
sohohouseberlin.com/de

London

Mandarin Oriental
Luxuriös, gegenüber Harrods,
teuer
mandarinoriental.de/london/
hyde-park/luxury-hotel

Charlotte Street Hotel
Ruhig, gemütlich, Theater-nah
firmdalehotels.com/hotels/london/
charlotte-street-hotel

Paris

Hyatt Vendôme
Modern, chic, um die Ecke von
Élysée, Oper und Luxusshops
hyatt.com/de-DE/hotel/france/
park-hyatt-paris-vendome/parph

L'Hotel
Sympathisch, verträumt,
in Saint-Germain-des-Prés
l-hotel.com

New York

Four Seasons
Klassisch-modern, ideal für
Power-Broker, Midtown
fourseasons.com/newyork

Crosby Street Hotel
Best in Soho, chic, hip und teuer
firmdalehotels.com/hotels/new-
york/crosby-street-hotel

Hongkong

The Peninsula
„The place to be", elegant,
peninsula.com/en/hong-kong

W Hotel
Herrlicher Ausblick, die beste
Lounge, Hotspot
marriott.com/hotels/travel/
hkgwh-w-hong-kong/

L'Hotel, Paris

Airlines

Über den Wolken

Essen und Trinken muss man manchmal auch über den Wolken. Und Schlafen auch ... Als Weltreisender kann ich Ihnen sagen, bei welchen Airlines das einigermaßen angenehm ist und welche Sie besser meiden sollten.

Auf der Flugroute zwischen meiner alten Heimat Wien und meiner Wahlheimat Köln verkehrt – Gott sei es geklagt – vor allem die Eurowings. Die freundlich angebotenen, gschmackig aussehenden Tapas mit Schinken, Salami und Oliven habe ich mir des Öfteren gegönnt.

Bis ich vor einigen Wochen die Tapas-Packung umgedreht und mir das Kleingeschriebene zu Gemüte geführt habe. Gezählte 25 (!) E-Nummern – also nicht unbedingt gesundheitsfördernde Zusatzstoffe zum Konservieren und Geschmacksverstärker – sind da vermerkt. „Buen provecho", also „Wohl bekomm's!" steht daneben. Aber ich hab da meine Zweifel, ob mir dieses Eurowings-Catering wirklich guttut, und habe daher den Tapas-Genuss vorsichtshalber eingestellt.

Das ist nur die letzte der schrecklichen Erfahrungen mit Airline-Catering: vom fetten Sweet and Sour Pork mit viel Glutamat in der Air China nach Neuseeland, einem ranzigen Hühnerspieß um neun Uhr früh in der KLM nach Chile bis hin zu matschigem Fisch mit verkochtem Spinat in der Lufthansa nach Miami.

Warum nur, warum sind die meisten Fluglinien nicht bereit, teuer zahlenden Passagieren etwas Ordentliches zum Essen zu servieren? Einer, der es wissen muss, ist DO & CO-Chef Attila Doğudan, der zwischenzeitlich 60 Fluglinien betreut. Er bringt die Ursache der Beschwerden auf einen einfachen Nenner: „Serviert wird bei vielen Airlines, was billig herzustellen und lange haltbar ist – meist ohne Rücksicht auf die, die es essen müssen."

Hier eine Probe aufs Exempel aus verschiedenen Airline-Menüs: Garnelen mit Waldorfsalat – seltsame Mischung. Aber auf irgendwas muss man die Scampi ja drauflegen. Lachs mit Gnocchi – passt nicht zusammen, kann aber auf gleicher Temperatur erhitzt werden. Daher auf der Karte. Hähnchenbrust mit Kürbisgemüse – die eingedickten Kürbisstückchen sind offensichtlich länger haltbar. So wie das zähe Hendl auch.

Doch was ist die Lösung? „Auf die Wünsche der Passagiere eingehen und das kochen, was sie auch zu Hause gerne konsumieren", meint Attila Doğudan. Und verweist auf seine AUA- und Turkish-Airlines-Erfahrungen. Kalbsrahmgulasch, Fleischlaberln und Schnitzerl für die Österreicher, Mezze jeder Art als Vorspeise und Köfte mit Bohnen für seine türkischen Kunden.

DO & CO – Flying Chef

Aber es gibt Hoffnung. AUA, Air France und Singapore Airlines (die anderen werden bald folgen) bieten nicht nur vegetarische, sondern auch ganz „normale", aufgepeppte Menüs auf Vorbestellung an, die in der Business gratis und in der Economy gegen einen kleinen Aufpreis serviert werden. Und die – ich hab's getestet! – tatsächlich besser munden.

Besser geht's dem Vielflieger, was die alkoholische Versorgung betrifft. Natürlich gibt es auch beim Wein eine Menge Probleme zu lösen. „Im Flugzeug herrscht ein Luftdruck wie in den Bergen auf 3000 Metern Höhe. Da sind die Aromen weniger transparent, durch die trockene Luft verlangt der Körper nach mehr Mineralstoffen!", erklärt der oberste Lufthansa-Sommelier Markus Del Monego, Pionier seiner Branche. „Daher brauchen wir Weine, die kräftiger im Geschmack sind und mehr Mineralität haben." Am liebsten sind ihm bei den Weißen kräftige Rieslinge und auch die Grünen Veltliner aus Österreich, „die eine gewisse Üppigkeit haben, ohne schwer zu wirken". Bei den Roten zählen Kreszenzen aus der Neuen Welt zu seinen Favoriten: „Die sind vollmundiger, werden aber in der Höhe eleganter."

Eine Warnung sei mitgeliefert. Durch den niedrigen Luftdruck geht der Alkohol schneller ins Blut. Ungeübte Trinker können schon nach zwei, drei Gläsern in leichte Beschwingtheit verfallen. Also aufpassen, wenn Sie nach einem weinseligen Flug das Auto vom Parkdeck in Schwechat holen. Da könnte das polizeibekannte Blasröhrchen über 0,5 Promille anzeigen.

So ärgerlich schlechtes Essen auch sein kann, wirklich wichtig ist, ob man auf dem Weg nach oder von New York, Peking oder Shanghai eine ordentliche Portion Schlaf finden kann. Ich bewundere Kanzler Sebastian Kurz, der aus PR-Gründen die Nacht in der Economy verbringt. Ehrlich gesagt, ich schaffe es nicht, in der Holzklasse ordentlich zu schlafen und am nächsten Morgen frisch-fröhlich in eine wichtige Konferenz zu gehen. Die Premium-Economy, wo der Sitz ein wenig weiter zurückgeht, ist da schon besser, aber nichts geht über einen Business-Class-Platz, der sich in ein flaches Bett verwandeln lässt. Trotzdem klagen viele Passagiere über Schlaflosigkeit im Flieger und Jetlag als Begleiterscheinung der Zeitverschiebung.

Tipps für Vielflieger

1. Stellen Sie Ihre Uhr beim Abflug bereits auf die „kommende" Zeitzone um, auf diese Weise kann sich auch Ihre innere Uhr leichter adaptieren. Wenn es beim Heimflug von New York nach Wien schon Mitternacht ist, wer will da noch viel abendessen? Lieber sich den Schlaf des Gerechten gönnen, vor allem, wenn der Flug ohnehin nur sieben Stunden dauert.

2. Bestellen Sie leichte Speisen. Essen und Trinken sind im Flugzeug nicht nur aus Qualitätsgründen mit Vorsicht zu genießen. Wer sich einen Gänsebraten mit Rotkraut und Knödel in der Lufthansa gönnt, darf sich danach nicht beschweren, dass er schlecht geschlafen hat. Auch eine halbe Flasche Bordeaux in der Air France muss der Körper erst noch verkraften – vor allem wenn am nächsten Morgen mit neun Stunden Zeitunterschied eine komplizierte Verhandlungsrunde angesetzt ist.

3. Die Verlockung der vielen Filme ist groß. Aber so spannend kann die Action, so zart die Romanze gar nicht sein, als dass Sie sich dafür Ihren Schlaf rauben lassen. Allerdings hat das, zugegeben, auch Nachteile: Ich habe vier Atlantiküberquerungen gebraucht, bis ich endlich „Titanic“ in voller Länge konsumiert hatte.

4. Mit einer Augenmaske schaut man, vor allem als Mann, zwar etwas blöd aus und auch Ohrenstöpsel sind nicht jedermanns Sache. Aber beides hilft, um vom Leselicht des Nachbarn oder vom Klappern des Frühstücksgeschirrs nicht zu sehr gestört zu werden. Ich habe sogar meiner Frau eine Beauty-Augenmaske entwendet, um nicht die Plastikdinger der Fluglinien auf den Augen kleben zu haben.

5. Und zu guter Letzt: von Schlafmitteln halte ich nicht viel. Entweder sie sind so sanft, dass sie nicht wirken, oder es brummt einem noch am nächsten Tag der Schädel. Im Zweifel rate ich zu Melatonin, einer Hormontablette vor dem Schlafen. Das entspannt und hilft auch, den Jetlag besser zu verkraften.

Meine liebste Fluggeschichte will ich Ihnen nicht vorenthalten. Eine nette ältere Dame hat mich an Bord der Lufthansa Richtung USA gefragt: „Fliegen Sie auch nach New York?“ „Nein, gnädige Frau“, hab ich geantwortet, „ich spring über Grönland ab ...“

DO & CO – Mezze á la Carte

~ MEINE TIPPS ~

Essen

Singapore Airlines
„Book the Cook" für alle Klassen. Exzellent. Etwa: Heilbutt in Limettensauce. Glasierte Ente mit chinesischen Eiernudeln. singaporeair.com

Austrian Airlines
Bei Kurzflügen in der Eco nur „süß oder salzig", aber in der Business die Nummer eins. Und man kann „à la carte" vorbestellen. austrian.com

Air France
Normalerweise nur soso, aber hervorragende Menüs auf Bestellung: Ocean, Tradition, Italia. Für Kinder ein „Fun-Menu". airfrance.com

Turkish Airlines
Wird von DO & CO bekocht, Shish Kebab in der Economy, grandiose Mezzes und türkische Hochküche in der Business. turkishairlines.com

Swiss
„Taste of Switzerland", auch in der Economy erfreulich. In der Business kantonspezifisch, derzeit Walliser Rindsragout und natürlich viel Käse mit Walliser Raclette. swiss.com

Trinken

Emirates
500 Millionen Dollar haben die Leute vom Golf in den Weinkeller investiert. Serviert werden Top-Brands wie Chevalier-Montrachet oder Tignanello bei den Roten. „Best Winelist in the Sky" (Bloomberg). emirates.com

Quantas
Drei Goldmedaillen bei „Cellars in the Sky" vom „Business Traveller". Grandiose Weine vor allem aus der Neuen Welt, auch in der Economy. qantas.com

Lufthansa
Dank Sommelier Markus Del Monego top. Jedes Jahr fliegen Zehntausende Grüne Veltliner aus Österreich mit. Plus ein regionaler Wein aus der angeflogenen Destination – etwa Chardonnay aus dem Napa Valley. lufthansa.com

Singapore Airlines
Auf die kann man sich immer verlassen. Auch beim Wein höchstprämiert. Gutes Angebot auch in der Economy. singaporeair.com

Air France
Exzellenter Begrüßungs-Champagner für fast alle Passagiere. Gute Auswahl an Sancerre und Chablis, aus Burgund und Bordeaux. In der Economy könnte man den Ruf französischer Weine noch verbessern. airfrance.com

Lob bekommt man gerne. Aber die Pointen und den Spott des großen Satirikers und Kabarettisten Werner Schneyder muss man sich verdienen. Bei der Auszeichnung zum „Feinschmecker des Jahres" 1997 hat dieser unseren Autor, seinen Freund Hans Mahr (HM), aufs Korn genommen. Und der hat mitgelacht.

Essen mit Hans Mahr

Gestatten Sie mir, mich in den Reigen der Gratulanten und Festredner einzureihen. HM verdient es, als Gourmet gefeiert zu werden. Denn er ist nicht nur Feinschmecker – er stellt ihn auch dar. Das kann man bei einem gemeinsamen Abendessen erleben. Wenn er einen als Freund einlädt, zu Speis und Trank. Da hat er einige Gewohnheiten. Ich darf sie darstellen. Ohne Übertreibung.

Hat sich HM in einem bestimmten Restaurant verabredet, kommt er – um dem Gastfreund ein ruhiges Studium der Atmosphäre und Architektur des Lokals zu ermöglichen – eine runde Stunde zu spät. Während dies darob hastigen Ganges zum reservierten Tisch blickt er missbilligend auf ein eben vorbeigetragenes Tablett fremder Destination und merkt – ohne gefragt worden zu sein – an, das Gratin sei entweder zu hell oder zu dunkel. Je nach Lichteinfall.

Während der herzlichen Begrüßung schiebt er dann das Amuse-Gueule weg. Er habe, erklärt er, die Paté erst vor zweieinhalb Jahren in Cannes oder Oslo gegessen und dort schon nicht gut gefunden. Daraufhin fordert er, um dem Gastfreund etwas Liebes zu tun, mehrere originelle Vorspeisen, ohne sich im Mindesten zu vergewissern, ob die

a) auf der Karte
b) als Rohmaterial überhaupt im Hause vorkämen.

Da sich in allen Restaurants, in denen Hans Mahr schon einmal war, die Vergeblichkeit von Diskussionen herumgesprochen hat, versucht man, auf seine Sonderwünsche einzugehen.

Die dadurch entstehende kleine Serviceverzögerung ist Hans Mahr aber nicht einmal mehr durch permanentes Bedienen des Handys

Werner Schneyder

zu überbrücken gewillt. Verärgerung signalisierend geht er in die Küche, um sich nach dem Verbleib der Order zu erkundigen und gleich nebenbei dem Chefkoch einen besseren Ofen zu empfehlen.

Gestresst und doch zufrieden kehrt er zurück, hat er doch – in letzter Sekunde!, wie er sagt – den Salatkoch daran hindern können, ein ungenießbares Sowiesoöl auf die Rucola zu schütten.

Die Auswahl des Hauptganges erweist sich als schwierig, weil HM genau weiß, *warum* das meiste von der Karte Angebotene *nicht* die Force des Chefs seien. Und er nennt bei jedem Gericht das seiner Erkenntnis nach dafür weit zuständigere Lokal. Auf diesem oder jenem Kontinent.

Hat man sich mit HM nicht in ein feines, sondern – in Sehnsucht nach einem deftigen, regionalen Essen – in ein eher einfaches Gasthaus verirrt, dann sind es meist die Röstkartoffeln, die ihm nicht entsprechen. Und dies, obwohl er schon mehrfach in der Küche gewesen war und – beim Herde stehend – die alte Mama über das Verhältnis von Oberhitze, Unterhitze, beidseitiger Bräunung und die Balance von Außenkruste und Innenkonsistenz aufgeklärt hat.

Hat man sich mit HM in ein absolutes Top-Restaurant begeben, prophezeit er jede Enttäuschung, da seinen Informationen zufolge zum Beispiel das den Rücken spendende Lamm am Nordhang und nicht am Südhang der berühmten Lammzuchtgegend gegrast hat.

Fische liebt HM sich im Ganzen zubereiten zu lassen, etwa in der Salzkruste. Bevor der Kellner noch ans Zerlegen denken kann, macht das HM selbst, stellt fest, da wären - trotz Erhitzung – immer noch Gräten drin und sucht die Stellen zwischen Außenhaut und Rückgrat, an denen das Fischfleisch die optimale Konsistenz hat.

Der Gastfreund, je nach Nervenstärke bereits mit ein oder zwei Magengeschwüren beschäftigt, wagt es dann nicht mehr, ein Dessert zu bestellen, da HM immer wieder die Entschlossenheit kundtut, den Schnee oder die Schokolade eigenhändig schlagen zu gehen, weil sonst die Duftigkeit nicht gewährleistet sei.

All das, von mir nur skizzenhaft angedeutet, kann HM aber nicht daran hindern, mit seinem Gastfreund auf das Herzlichste und Angenehmste zu plaudern.

Bedankt sich der Gastfreund dann mit letzter Kraft für das herrliche Essen, freut sich Gastgeber Mahr und schlägt vor, noch rasch eineinhalb Stunden quer durch die Stadt zum einzigen Würstelstand zu fahren, bei dem Pfälzer- oder Burenwurst wirklich exzellent seien. Man müsste, meint HM, halt nur unterwegs schauen, wo man einen genießbaren Senf herkriegte.

Meine Damen und Herren, ich gratulieren meinem Freund HM vom ganzen Herzen zu seiner Auszeichnung!

Werner Schneyder
(1937-2019)